「灘→東大理Ⅲ」の3兄弟を育てた母が明かす
志望校に合格するために知っておきたい

130のこと

佐藤亮子

ポプラ社

はじめまして。
佐藤亮子です。
３人の兄弟と長女を
育てる専業主婦です。

3兄弟が
「灘→東大理Ⅲ」
に合格したことで
本の執筆や講演の機会
をいただきました。

そこでよく
聞かれることが
あります。

「（ウチの子が）
志望校に受かるには
どうしたらよいですか？」

この本では
よく聞かれるこの悩みに
私なりに
お答えしたいと思います。

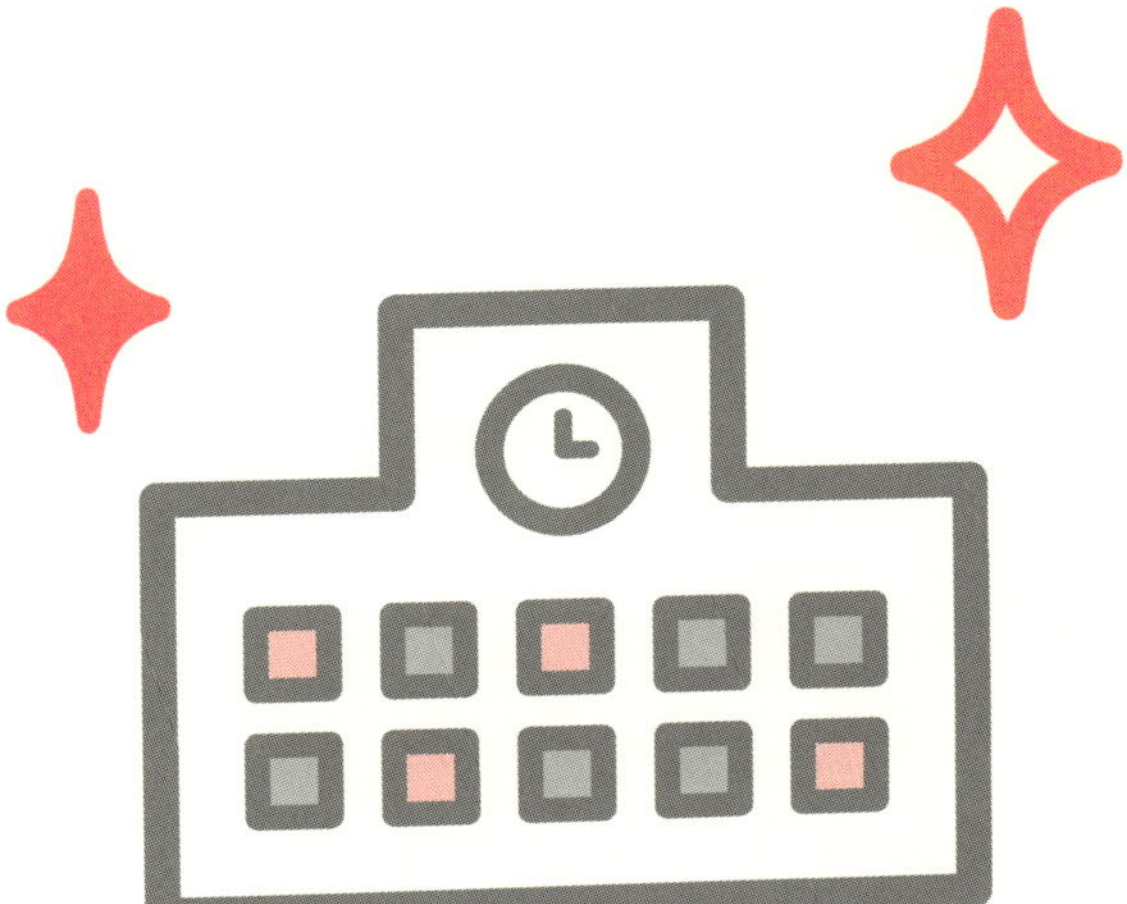

はじめに

私には3人の兄弟と長女の4人の子どもがいます。

数年前、3兄弟が3人とも灘校から東京大学理科三類（以下、東大理Ⅲ）に合格しました。すると、いろいろなご相談を受けることが多くなり、特に、子育ての取り組みを具体的に聞きたいという方が多くなりました。

これに加えて、本を出版する機会に恵まれたことで、ますます相談を受けることが増え、さらに、塾や高校などの講演会で話す機会もいただくようになりました。

その中の質疑応答セッションや、講演会終了後にたくさんのご質問やご相談をいただきます。

「子どもに勉強を好きになってもらうコツはありますか」

「幼少期には何から始めたらよいでしょうか」
「私には中学受験の経験がないので、子どもの受験が不安です」

このように親御さんからいただくご相談やご質問は多岐にわたりますが、その中で多いものが「勉強」に関するものです。特に、最も多いのが「受験」についてです。いつもお話させていただきながら「よく聞かれる質問や相談の答えをまとめ、それをお伝えしたい」と思い、この本を書こうと思いました。

私は中学受験の経験はありませんので、現在住んでいる関西の受験の事情はわかりませんでした。中学受験に関しては、自分で独自に調査をしたり、ママ友と情報を共有したり、試行錯誤の連続でした。

もちろん、東大理Ⅲに関しても、詳しく知っていたわけではありません。

4人の子どもたちも、それぞれ性格などが違い、同じことをさせるのでもやり方を変えなければなりませんでした。しかし、それぞれの子が自分たちの目標を達成し、私はホッとしています。

納得のいく成果を出すために、親として徹底的に子どもと向き合うことが不可欠だと痛感しました。

本書は、我が家での子どもとの向き合い方をヒントに、さまざまなご家庭で実践できる内容にしました。

幼少期、小学校、受験（中学／高校／大学）について、家庭内の環境づくりの話まで、よく質問されることへの回答をまとめています。教科別の学習についても尋ねられることが多いため、一教科ごとに項目を作りました。ご自身が気になるところから読み進めていただくといいなと思います。

ただし、お読みになる前に注意していただきたいことがあります。今回のご質問に対する回答は、あくまで私個人の意見で、子どもは一人一人がオリジナルの存在ですのでご自身のお子さんの状況に合わせて、参考にしていただきたいということです。

私の話の内容に納得ができたとしても、お子さんに合わないことが出てくるでしょう。その時はそれを無理やり応用するのではなく、まずは「うちの子どもに合うかな？　合わないかな？」と照らし合わせながらお読みくださることをおすすめします。

子育てをされながら、何か疑問が浮かんだときに、この本がひとつのヒントになれば嬉しく思います。

2016年3月

佐藤　亮子

佐藤ママ オススメ本リスト101

本書では、欄外に私がオススメする書籍を「101冊」紹介しています。
オススメ理由も書きましたので、よろしければ参考にしてみてください

■『参考書』

1　イラスト会話ブックイギリス（玖保キリコ:マンガ　木内麗子:イラスト／JTBパブリッシング）…… 33

2　イラスト会話ブックアメリカ（玖保キリコ:マンガ　渡辺鉄平:イラスト／JTBパブリッシング）…… 37

3　鉄緑会東大英単語熟語 鉄壁（鉄緑会英語科:編／KADOKAWA）…… 39

4　テーマ別英単語ACADEMIC（中澤幸夫／Z会）…… 41

5　鉄緑会 基礎力完成 数学Ⅰ・A＋Ⅱ・B（鉄緑会大阪校数学科:編／KADOKAWA）…… 47

6　語根中心 英単語辞典（瀬谷廣一／大修館書店）…… 49

7　竹岡広信の「英語の頭」に変わる勉強法（竹岡広信／KADOKAWA）…… 55

8　出口汪現代文講義の実況中継（出口汪／語学春秋社）…… 57

9　東大現代文で思考力を鍛える（出口汪／大和書房）…… 59

10　古文単語ゴロゴ（板野博行／スタディカンパニー）…… 61

11　マドンナ古文シリーズ（荻野文子／学研プラス）…… 63

12　田中雄二の漢文早覚え速答法（田中雄二／学研プラス）…… 65

13　田中雄二の漢文早覚え速点法　田中式問題集（田中雄二／学研プラス）…… 67

14　徹底例解ロイヤル英文法（綿貫陽:改訂・著　宮川幸久・須貝猛敏・高松尚弘:共著／旺文社）…… 69

15　ドラゴン・イングリッシュシリーズ（講談社）…… 71

16　ライジング英語長文読解（小川貴宏／桐原書店）…… 75

17　大学入試英語頻出問題総演習（上垣暁雄:編著／桐原書店）…… 77

18　山口俊治英文法講義の実況中継（山口俊治／語学春秋社）…… 79

19　連鎖式英単語事典（ホリム・ハン:著　リチャード・キム:訳／三修社）…… 81

20　スタンダード数学演習シリーズ（数研出版編集部:編／数研出版）…… 83

■『本』

48　吾輩は猫である（上）（下）（夏目漱石／集英社文庫）…… 163
49　東大理Ⅲシリーズ（「東大理Ⅲ」編集委員会／データハウス）…… 171
50　日本一短い「母」への手紙（福井県丸岡町:編／角川文庫）…… 175
51　夢十夜・草枕（夏目漱石／集英社文庫）…… 177
52　愛に生きる（鈴木鎮一／講談社現代新書）…… 179
53　夏の庭（湯本香樹実／新潮文庫）…… 181
54　讃岐典侍日記（森本元子／講談社学術文庫）…… 183
55　父の詫び状（向田邦子／文春文庫）…… 187
56　変身（フランツ・カフカ:著　高橋義孝:訳／新潮文庫）…… 189
57　車輪の下（ヘルマン・ヘッセ:著　高橋健二:訳／新潮文庫）…… 191
58　沈黙の春（レイチェル・カーソン:著　青樹簗一:訳／新潮文庫）…… 193
59　マンガ 三国志／項羽と劉邦／水滸伝（横山光輝／潮出版社）…… 197
60　ダーリンは外国人（小栗左多里／KADOKAWA）…… 199
61　毎日かあさんシリーズ（西原理恵子／毎日新聞出版）…… 201
62　天声人語（深代惇郎／朝日文庫）…… 203
63　おとうと（幸田文／新潮文庫）…… 209
64　李陵・山月記（中島敦／新潮文庫）…… 213
65　名探偵コナン（青山剛昌／小学館）…… 215

■『絵本』

66　ごんぎつね（新美南吉:作　黒井健:絵／偕成社）…… 217
67　じごくのそうべえ（田島征彦／童心社）…… 219
68　新ちゃんがないた！（佐藤州男:作　長谷川集平:絵／文研出版）…… 221
69　それいけズッコケ三人組（那須正幹:作　前川かずお・高橋信也:絵／ポプラ社）…… 223
70　注文の多い料理店（宮沢賢治:作　長谷川知子:絵／岩崎書店）…… 227
71　一ふさのぶどう（有島武郎／偕成社）…… 229
72　こまったさんのスパゲティ（寺村輝夫:作　岡本颯子:絵／あかね書房）…… 235
73　ネコジャラシはらっぱのモグラより（吉田道子:作　福田岩緒:絵／くもん出版）…… 237
74　半日村（斎藤隆介:作　滝平二郎:絵／岩崎書店）…… 239

75　100万回生きたねこ（佐野洋子／講談社）…… 241
76　スーホの白い馬（大塚勇三：再話　赤羽末吉：絵／福音館書店）…… 243
77　おにたのぼうし（あまんきみこ：文　いわさきちひろ：絵／ポプラ社）…… 245
78　たつのこたろう（松谷みよ子：著　朝倉摂：絵／講談社）…… 247
79　おばけのどろんどろんとぴかぴかおばけ（わかやまけん／ポプラ社）…… 251
80　ふんふん なんだかいいにおい（にしまきかやこ／こぐま社）…… 253
81　からすのパンやさん（かこさとし／偕成社）…… 255
82　11ぴきのねこ（馬場のぼる／こぐま社）…… 257
83　こんとあき（林明子／福音館書店）…… 259
84　おたまじゃくしの101ちゃん（かこさとし／偕成社）…… 261
85　おじさんのかさ（佐野洋子／講談社）…… 265
86　やさい（平山和子／福音館書店）…… 267
87　くだもの（平山和子／福音館書店）…… 269
88　もこ もこもこ（谷川俊太郎：作　元永定正：絵／文研出版）…… 271
89　こんにちは（わたなべしげお：作　おおともやすお：絵／福音館書店）…… 273
90　みんな うんち（五味太郎／福音館書店）…… 279
91　ねずみくんのチョッキ（なかえよしを：作　上野紀子：絵／ポプラ社）…… 283
92　おまたせクッキー（パット・ハッチンス：作　乾侑美子：訳／偕成社）…… 289
93　ねこざかな（わたなべゆういち／フレーベル館）…… 291
94　14ひきのあさごはん（いわむらかずお／童心社）…… 295
95　キャベツくん（長新太／文研出版）…… 297
96　ジャイアント・ジャム・サンド（ジョン・ヴァーノン・ロード：文・絵　安西徹雄：訳／アリス館）…… 301
97　旅の絵本シリーズ（安野光雅／福音館書店）…… 305
98　どうぞのいす（香山美子：作　柿本幸造：絵／ひさかたチャイルド）…… 307
99　おおかみと七ひきのこやぎ（グリム：著　フェリクス・ホフマン：絵　せたていじ：訳／福音館書店）…… 311
100　手ぶくろを買いに（新美南吉：作　黒井健：絵／偕成社）…… 313
101　かいけつゾロリシリーズ（原ゆたか／ポプラ社）…… 315

※本によっては、新版や改訂版が出版されているものがあります

「灘→東大理Ⅲ」の3兄弟を育てた母が明かす
志望校に合格するために知っておきたい130のこと

もくじ

第2章 幼少期編

第3章

小学校〜中学受験編

第4章 中学校〜高校受験編

第5章

高校〜大学受験編

第6章

親の心構え編

第7章

環境編

第8章 教科別学習法 国語編

第9章 教科別学習法 英語編

第10章 教科別学習法 算数・数学編

第11章

教科別学習法　理科編

第12章

教科別学習法 社会編

編集協力／渡邉 淳
装丁／ｂｏｏｋｗａｌｌ
写真／松本健太郎
本文デザイン／松好 那名(matt's work)

Q 007 子どもとの会話が少なく、テストの結果なども見せたがりません。どうすればよいでしょうか？

第 **1** 章

よく聞かれる7つの質問

Q 001 子どもが勉強嫌いです。勉強を好きにさせるコツはありますか？

Q 002 たくさん勉強しているようなのですが、なかなか成績が伸びません。何かいい方法はありますか？

Q 003 子どもの受験と親の学歴は関係ありますか？

Q 004 子どもに集中力がありません。どうしたらよいですか？

Q 005 よく「個性が大事」と言われますが、どうすれば子どもの個性を伸ばすことができますか？

Q 006 親はいつまで子どもの勉強に関わったほうがよいですか？

Q 001

子どもが勉強嫌いです。勉強を好きにさせるコツはありますか？

子どもが勉強を嫌う理由は、その内容が理解できていないからです。 できないから、嫌になってしまうのです。

ですから、対処法は「（その内容を）理解できるようにする」というシンプルなものです。どの段階・どの学年であっても、科目の基礎に戻らせることが大切です。

小学校の算数を例に挙げると、勉強嫌いな子どもの多くが計算（四則→九九→二桁→割り算）で苦労していることが多いものです。仮に、今、小学3年生だとしても、1年生の内容でつまずいているのであれば、思い切って1年生まで戻ることをおすすめします。そこから再開しても決して遅くはありません。

もし計算でつまずいていなくとも、他の3科目（国語・理科・社会）で苦労しているのであれば、どこを不安に感じているのかを一緒に見つけてあげることが大切です。子どもはどこかたった一つを苦手に思うだけで、勉強すべてを嫌に感じてしまうものです。その不安を取り除いてあげましょう。

つまずいているところさえ見つかれば、あとはやるのみです。自学用に問題集などを購入して、一気に戻って学び直しましょう。その際には、子どもが少しでもわかっているところからやらせてあげることがポイントです。達成感を味わいやすいですし、成長度が子ども自身にとってわかりやすいからです。

また、わかると思っている問題に取り組ませることも大事です。自分のわかる部分は飛ばしてしまうのが子どもですが、そこをこだわってやらせてあげてください。わかっているのであれば、やればすぐに終わるはずです。そういう自信たっぷりの分野に限って、些細な間違いが見つかることがあります。

とはいえ、前に戻ることに不安を感じる方が多くいらっしゃると思います

佐藤ママ オススメ参考書

イラスト会話ブックイギリス（玖保キリコ:マンガ　木内麗子:イラスト／JTBパブリッシング）
英語の長文を読むときの助けになる

が、そこは親が腹をくくることです。「急がば回れ」の精神でサポートしましょう。

戻るということは、学校の勉強もあるので、子どもにとっては大変ですが、やればやるほど成績が伸びていくのは確かです。覚悟して向き合ってください。

もちろん、復習をしている間にも学校の勉強は進みますので、テストもあります。**この間は新しい勉強に割く時間が減るので、テストでは悪い点数を取ってくるかもしれませんが、気にしないでください。そして、子どもに「点数が悪かったね」などとわざわざ言わないことです。**「いいよ、いいよ」というくらい、どっしりと構える姿勢が大切です。

「今はここまで追いつこうよ」など、ポジティブな言葉をかけてあげてください。親がそうすることで、子どもも学び直していることを受け入れてくれます。

●子どもを「勉強好き」にするには

なぜ、勉強が嫌いなのか？

→「勉強ができていない」から

「できない点」を解決するためには、
つまずいている点まで戻ってみる。

小3テスト

(1) 14×5=68 ✓
(2) 6×13=78 ○
(3) 51×5=515 ✓

→

小2テスト

(1) 4×5=18 ✓
(2) 6×3=18 ○
(3) 5×5=51 ✓

2ケタ×1ケタの
かけ算ができない……

小3だけど九九に戻って
鍛えさせる

このとき（小3）のテストの点数が下がるが
気にしないことが大切

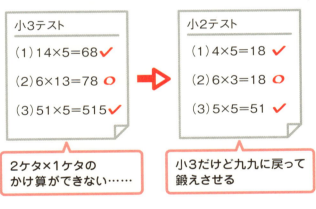

Q 002

たくさん勉強しているようなのですが、なかなか成績が伸びません。何かいい方法はありますか？

「たくさん」とはどのくらいでしょうか？　曖昧な言葉には親子で注意が必要です。

成績が伸びていないのは、やるべきことをやっていないか、やり方を間違えているからだと思います。

私は、「勉強をすごく頑張った」「勉強を3時間もやった」といったことを、子どもたちに言わせないようにしていました。そのように曖昧な考え方では、「勉強を済ませた」という視点でしか考えられなくなってしまいます。

結果が出ていないのに勉強をやった気になっていることは一番危険なのです。

子どもが勉強をきちんとしている様子なのに、それでも結果が出ていないのであれば、親は成績が伸びない理由を分析してあげましょう。

このとき、「今までのやり方が違うのではないか」と疑いながらケアをしてあげることが大切です。「どこかの分野でつまずいているのではないか」など、成績が伸びない理由を具体的に探りましょう。

「勉強は子どもが自分一人でやるべき」と言う方がいらっしゃいます。しかし私は、それはなかなか難しいと思っています。

具体的には、18歳までは子どもの勉強を親が何らかの形でサポートしてあげたほうがよいと思います。

というのも、子どもは自分のやり方を正しいと思っているわけですから、自分の間違いになかなか気づくことができません。したがって、親が第三者としてチェックをしてあげる必要があります。

18歳までは思いっきり子どもに手を差し伸べてあげましょう。

佐藤ママ オススメ参考書

イラスト会話ブックアメリカ（玖保キリコ:マンガ　渡辺鉄平:イラスト／JTBパブリッシング）
絵や写真がついていて、単語の意味がわかりやすい

Q 003

子どもの受験と親の学歴は関係ありますか？

受験に親の学歴は関係ありません。もし学歴がなくて自信がないのであれば、早めに手を打つように心がけてはいかがでしょうか。学歴よりも、子どもの受験に対してどれだけ熱心かが大切なことだと思います。

長男の中学受験のとき、合格体験記から失敗談まで10冊ほど読み、どうすればよいかを考えました。このとき、長男は幼稚園でした。

私や夫は中学受験を経験しておらず、いきなり中学受験が襲ってくるようになったら間に合わないと思い、できるだけ前もって準備することにしました。

親が準備するのであれば、早いにこしたことはないと思います。

ちなみに、佐藤家には「平成元年の東大理Ⅲの合格体験記」があります。実は、平成元年の時点では長男さえ生まれていませんでしたが、私は「東大理Ⅲの子はどんな勉強をしたのだろう」と思って、なんとなく彼らの方法に興味を持ったので買って読んだこともありました。

具体的には子どもの学年が上がるにつれて、勉強を教えるのは困難になっていきます。勉強を教えることだけがサポートの方法ではありません。

親は子どもの性格に合いそうな塾を探すことはできるし、子どもが進んで取り組んでくれそうな参考書や問題集を探すこともできます。親はそういったことをしていけばよいのではないでしょうか。

子どもの受験がうまくいくかどうかは、どのような親にとっても不安なものです。親は情報を集めるなど、子どもと一緒に取り組みながら、やりながら考えることです。親子がお互いに信頼し合いながら、成果を出しながら進んでいくのが受験なのではないでしょうか。

佐藤ママ オススメ参考書

鉄緑会東大英単語熟語 鉄壁（鉄緑会英語科：編／KADOKAWA）
中級者にぴったり

Q 004

子どもに集中力がありません。どうしたらよいですか？

はじめに、子どもは集中できないのが当たり前だと思っておきましょう。小学生でも中学生でも高校生でもそうだと思います。

集中力がないというのには、「やっていることがよくわからない」「他のことに気が散る」など、何か理由があります。そこを「その子の性格だ」と決め付けるのは間違いです。まず、子どもが集中していないのはなぜか、どうしたら集中できるのかを一緒に考えるのです。

三男は、ある時期まではずっと同じ勉強をすることが苦手で、集中力があるとは言えませんでした。そこでタイマーを使用した学習を行いました。15分ずつに区切って科目を替え、勉強をする流れを作りました。目の前のタイマーの数字が減っていくことで焦りを感じるようで、15分間集中して取り組んでいました。

逆に、「勉強をしておきなさい」とほったらかしにすると、子どもは一人ではなかなか集中できないものです。

まずはそばについていてあげてください。そばにいるだけで、思った以上に子どもの集中力が上がることがあります。出だしの5~10分だけ近くにいることで、軌道に乗せてあげるのです。そうすれば、だんだんと集中していくものです。集中力はトレーニングで伸ばせると思います。

また、子どもが勉強をし始めるのにも段階があります。

子どもの頃を思い出してみればわかりますが、夕食後すぐに机に向かうのは苦痛ではなかったでしょうか。

「食事を済ませたら、すぐに机について勉強しなさい」といった理想がありますが、それはあくまで理想です。そういった注意はしないようにすることをお

佐藤ママ オススメ参考書

テーマ別英単語ACADEMIC（中澤幸夫／Z会）
テーマと単語が面白い

すすめします。

我が家の子どもたちは、食事の後、さっと机につくようなことはありません。最初にコタツでだらーっとするところから始まります。そしてそのままの体勢でクッションを抱えながら、ノートなどを引っ張り出して勉強を始めます。寝転がりながらやる子もいます。しかし、私は「寝転がらずに机でやりなさい」とは言いません。

子どもたちも、そのうち寝転がる体勢に疲れてきたり、気分が乗ってきたりして、起き上がります。さらに調子が出てきたら、次には机へ向かいます。机にたどりつくまで姿勢はきちんとはしていませんが、ずっと勉強しています。

子どもたちが集中しやすい環境を見つけてあげることも、親の役目の一つだと思います。

Q 005

よく「個性が大事」と言われますが、どうすれば子どもの個性を伸ばすことができますか?

個性と聞くと、子どもにとって大切なものに思えます。よく、「子どもを個性的に育てなさい」「子どもの個性を伸ばしなさい」などと言われるからでしょう。しかし、私は小学生くらいまでの子どもに「個性」と言い切れるほどの大きな違いは、多くの場合には「ない」と思います。

たとえば、ピカソの絵は「非常に個性的」と言われますが、実はピカソの基礎的なデッサン能力は驚くほど高かったと言われており、それだからこそ個性的なものを生み出せたのだということです。

しかし、子どもには「個性」と呼ばれるものが生まれるほどの基礎能力はほとんどない場合が多いのです。**私は、多くの方が言う個性というものは、「性格」や「癖」ではないかと思います。**ですから、親としては、子どもの性格や癖の扱い方に注意する必要があります。

何事もいい加減にやってしまう子、何事もきっちりとやる子、何事もやりすぎる子などがいます。どれがいい悪いということではなく、さまざまです。

例えば、お子さんがきっちりとやるのが好きな子だとします。大人から見れば、無駄に思えることまできちんとやってしまうタイプです。「いつでも定規で線を引いて、算数の問題を解いている」などがわかりやすい例です。それを個性だと思ってしまうとなかなか何も言えないのですが、性格や癖と考えると「そこまではやらなくてもいいんじゃないかな」など、アドバイスができます。

ピカソの例のように、本当の個性というものは、基本的なことをきっちりと行い、専門的なことを学んだ後で出てくるものなのではないでしょうか。確かな基礎学力をしっかりつけさせることが、豊かな個性を持つ人間に育てることにつながると思います。

Q 006

親はいつまで子どもの勉強に関わったほうがよいですか？

基本的に、18歳までは目を離さないで、責任を持って関わることがよいと思います。

よく聞くのが、お子さんに対して「自分のことは自分でやりなさい&決めなさい」というスタンスでいながら、たまに成績を見て怒ったり、突然、志望校について言い合いになったりと、急に口出しをするケースです。

子どもに普段はすべて任せておきながら、自分が気になる部分だけ関わるようなことはやめましょう。寄り添うならば徹底的に寄り添う、任せるなら任せると覚悟を決めてほしいと思います。

ただ、「目を離さずに関わる」といったときに、その関わり方は固定されたものではありません。関わり方はどんどんと変わっていきます。

勉強の内容はどんどん難しくなりますから、親はある段階から突っ込んで関わることができなくなります。私は、子どもたちが小学生の頃、ノート作りの手伝いをしたことがありますが、大学受験の頃はノート作りまではしませんでした。そのかわり、参考書や問題集を使いやすいように作りかえたり、頼まれた文房具を買ってきたりしました。

あるとき、長男が「化学の問題集が欲しい」と言ったことがありました。こういう場合、有名どころのものや私自身の好みも入れながら、たくさん買って長男に渡しました。息子が取り組みたいと思えるものがその中で見つかれば、という思いで買ったものです。

親である私が子どもに勉強を促すために、強制的にすべてを決めて提供しているわけではありません。中高生のときには取り組む問題集を強制したり、教科書を隅々までチェックして、このページからここまではやろうとアドバイスしたり、といったことはしていません。

勉強のスケジュールを考えたことはありますが、これも最初から最後まですべて決めたことはありません。中間試験や期末試験、センター試験、二次試験など、節目の日をチェックして、その周辺のスケジュールを立てて提案をしていた、という感じです。

あとは、テスト期間、ご褒美としてのカップヌードルを大量に購入していたことでしょうか。普段は食べさせないようにしているのですが、「非日常」を演出するために、特別に食べていいとすることがありました。

このように、直接的な勉強の内容面以外の関わり方がありますから、18歳までは常に子どもがスムーズに勉強できるようなサポートの方法を考えていくことをおすすめします。

佐藤ママ オススメ参考書

鉄緑会 基礎力完成 数学Ⅰ・A+Ⅱ・B（鉄緑会大阪校数学科:編／KADOKAWA）

子どもたちの恩師が書いた

Q 007

子どもとの会話が少なく、テストの結果なども見せたがりません。どうすればよいでしょうか？

子どもが言われて一番嫌なのは、成績のことだと思います。

佐藤家では、子ども達がテストを見せたがらないということはありませんでした。

一番大きな理由は、「私が怒らない」と決めたことだと思います。

佐藤家ではすべてのテストをファイリングしているので、テストの成績をすべて私が預かるようにしています。そのときに当然点数も見るのですが、仮に成績が悪くても、「全く怒らない」と決めていました。学校の小テストも、塾

1 よく聞かれる7つの質問
2
3
4
5
6
7
8
9
10
11
12

のテストも、大切な模試でも怒りません。

そうすれば、子どもたちは自然とテストを見せてくれるようになりますし、会話も生まれます。

まずは、「テストの点数や通知表、模試の成績などを絶対に悪く言わない」ということを心がけてみてはいかがでしょうか。

しかし、もしそれでも「テストの点数は見せたくない」という状態になった時には、親は思い切って子どもと向き合うことです。そして、見せてくれない理由を聞いてみましょう。

「お母さんはあなたの人生に責任を持って付き合っていきたい。だから、テストの点数を見せてもらえない理由を教えてほしい」と率直に言ったらいいと思います。

子どもが点数を見せたがらないのには必ず理由があるはずです。まず怒らず腹を割って話し合いましょう。そうすることで、子どもの考えがわかります。

また、点数を見せないことを批判するばかりではなく、子どもへの理解を示しましょう。子どもは自分の成績がよかったか悪かったかはわかっていますか

佐藤ママ オススメ参考書

語根中心 英単語辞典（瀬谷廣一／大修館書店）
英語マニアの三男が買ったが、母がはまった

ら、そこをいくら怒っても成績は変わりません。

話し合いをする中で、少しずつ「この前、あそこができなくて」と口を開いてくれます。それを聞けば、「今度からこうしてみたら」など、何らかの対処法を考えることができます。

最後に、大事なポイントがあります。成績などを絶対に同級生や兄弟姉妹と比べないことです。私は長男が生まれたときに「何事においても比較しない。一人ひとりを大事な存在として育てる」と覚悟しました。

たまに、さまざまなことで他の子どもと比べている方を見かけます。勉強にかかわらず、習い事などでも比べている方がいらっしゃいますよね。「あの子よりもできなかったね」などと声をかけてしまうと、子どもはどうしても傷ついてしまいます。他人と比べてもいいことは何ひとつありません。

他人や兄弟姉妹とは比べない覚悟を決めて、子どもと付き合うことができれば、親を自分の絶対的な味方だと思うので、子どもは親の言うことを聞く耳を持ってくれます。

●子どもとの会話を増やす方法

1 （テストの点数や通知表、模試の成績などを）悪く言わない

30点

（例）30点のテストを子どもが見せたとき

なんで30点なの!
勉強していなかったからでしょう
次はもっと伸ばせるように復習しようか

2 成績などを他人（同級生や兄弟姉妹）と比べない

30点

（例）30点のテストを子どもが見せたとき

お兄ちゃんはもっといい点を取っていたのに
前回より5点上がったから、次はもっと上を目指そう

いでしょうか？

Q 014 塾や習い事に通わせていますが、どれくらいの期間続けるとよいでしょうか？

Q 015 先取りについて、「先取りＯＫ」「先取りＮＧ」など世間でも意見がバラバラです。どの意見を信じればよいのでしょうか？

第 2 章

幼少期編

Q 008

幼少期には何から始めたらよいでしょうか？

小さい頃に大切なのは、絵本を読み聞かせることと童謡を聞かせることだと思います。**この時期は、日本語は耳から入ってきますから、最大の目的は、耳からきれいな日本語を入れることです。**

私が1～2歳のときに、うちの父が膝で読んでくれた『浜田広介全集』という本があり、それはハードカバーの分厚い本だけど、文章がきれいで本当に好きでした。

そこでうちの子にも読んであげたいと思い、実家から取り寄せましたが、絵が少なくて当時の長男には難しかった。それでも読み聞かせはしてあげたいと思い、絵本から始めようかなと思ったのがきっかけです。

多くの絵本は、人間の性質のいいところがまとまった話になっており、幸せな雰囲気を感じます。幼少期の子どもには「いいところ」だけを心に残してあげたいですね。

絵本を読む量ですが、私は「3歳までに1万冊」を一つの目安にしていました。ものすごい量に聞こえるかもしれませんが、1日10冊を積み重ねていくと、だいたい3歳までに1万冊の計算になります。

この量を実践していくためには、単に1冊ずつ地道に読み聞かせていくだけでは親も飽きてしまいます。その日に「これとこれとこれ」というように読むべきものを一気に決めてしまうことです。読む絵本を選ぶ際には、一つのシリーズに偏ると飽きてしまいますから、いろいろな主人公や違う雰囲気の本をまぜておくと楽しいです。

あとは読む絵本の選択も大切です。読む絵本を選ぶポイントは、親が読んで楽しそうなものにすることです。さっと見て面白そうなものでもいいですし、

佐藤ママ オススメ参考書

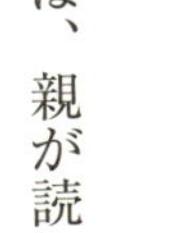

竹岡広信の「英語の頭」に変わる勉強法(竹岡広信／KADOKAWA)
考え方を変えることで点数が伸びる

子どもに選ばせるのもいいですね。

図書館にはいい絵本ばかり置いてありますから、有効活用しました。毎週、我が家は家族総出で借りに行っていました。

読み聞かせるときのコツとしては、感情を込めて読むことです。毎日読んでいくうちに、感情の込め方が上手になっていきます。私はある話を号泣しながら読み聞かせたことがありますが、子どもはびっくりして無言になっていました。私自身が絵本の世界に入り込んでしまったのですね。

童謡についてですが、延べで3歳までに1万曲を歌いました。絵本と同じく1日10曲です。「絵本のついでに童謡もやろうか」ということで、この数字に落ち着きました。

しっかりとした日本語を耳から入れるためには、正確な歌詞で歌わなくてはなりませんので、公文で歌詞カードを購入し、ちゃんと見ながら歌いました。童謡からきれいな日本語を学ぶことができます。

歌うのは私とお父さんの二人でした。子どもに一緒に歌わせるわけではありません。

お父さんは仕事で帰りが遅いなど、子どもと接する機会が減りがちです。**ただ、絵本もそうですが、童謡もお父さんが子育てに参加しやすいことの一つなのではないでしょうか。**肩車をしてあげたり、外で一緒に遊んであげたりなかなかできなくとも、絵本や童謡は取り組みやすいと思います。

他に、クラシックを加えてもいいと思います。モーツァルトがいいなどという意見もありますが、我が家は名曲選のようなセットものを買って流していました。

クラシックは、演奏者にはこだわりはありませんし、1日の曲数も決めていませんでした。クラシックと童謡を半々くらいでかけていたと思います。

今は0歳児用の知育教材も増えてきました。いろいろな種類があると思いますし、自分の子どもが何を気に入るかはわかりませんよね。ですから、好きで楽しめそうなものを使ったらいいと思います。

美しい日本語を使える日本人として我が子を育てたかったという気持ちがあったので、絵本や童謡を中心とした勉強をさせたというわけです。

佐藤ママ オススメ参考書

出口汪現代文講義の実況中継（出口汪／語学春秋社）
目からウロコ

Q 009

幼少期の「絵本の読み聞かせ」のポイントを教えてください

小学校入学までは「絵本を読んで」とよく我が家の子どもたちは言っていました。最初は親が読んであげるわけですが、少しずつ子どもが自分で本を読めるようになっていきます。その経験が日本語を育ててくれるわけです。

よく「読み聞かせをすると、本を読む習慣がつきますか?」と聞かれますが、実際うちの4人の子どもは今のところ誰一人いわゆる「読書家」になっていません。読み聞かせと読書習慣は、切り離して考えたほうがよいと思います。

読み聞かせのポイントは、「感情を込めて読むこと」です。

感情を込めて読むことで、子どもはより内容を理解しやすくなります。ドラマを見ているような気持ちになるので、楽しく感じるのでしょう。

そして、読み聞かせにはもう一つ大きな効果があります。**それは「親子のコミュニケーションツールになること」です。**

同じ絵本が親子の間にあって、同じ感動を共有できる。テレビを見ていても感動することもありますが、絵本であればお母さんの声で読んであげられます。

例えば、悲しいシーンでお母さんが涙声になったりしたときに、それを見て子どもたちが「どうしたの?」って言ってくれたりする。そこに親子のコミュニケーションが生まれます。

親子のコミュニケーションを生むためには、先に述べたように感情を込めて読み聞かせすることが必要です。大変だと思いますが、「母は女優」の精神で頑張ってみてください。

佐藤ママ オススメ参考書

東大現代文で思考力を鍛える（出口汪／大和書房）
確実に実力がワンランクアップ

Q 010

いつから文字を覚えさせればよいでしょうか？

私は「読み」と「書き」とで分けて考えています。

まず、「読み」については、なるべく早くと言いたいところですが、基本的には1歳代でしょうか。これくらいの時期であれば書けなくとも読めるようにはなります。やり方としては、五十音の表を家に貼っておくといいでしょう。

ただし、貼る時期は0歳からでもいいと思います。我が家でもその時期にすでに貼っていました。子どもは「あ」から覚えるわけではありません。ランダムに覚えていきます。子どもによって覚える順序やスピードは異なります。

「書き」については、我が家では公文の教材を使用していましたが、2歳くらいでひらがなは書けるようになりました。「読み」とは違って、書くのは簡単なものからのようです。

「ひらがなはそのうち勝手に覚えていくものだから、小さいうちから覚える必要はない」「別のことに取り組んだほうがいい」とおっしゃる方もいます。ですが、子どもが覚えることができる時期を逃すことはないと思います。

長女は3歳でひらがなが全部が書けたのですが、まったく読もうとしないので少し心配していました。そうすると公文の先生が、「佐藤さん、娘さんはたぶんこれ以上書けるようになると思うけど、読まないとプリントを進めないっていう決まりになっているから、そろそろ読ましてね」と言われました。すると、その何日か後に突然娘が字を読み始めたのです。

だから私は、読みと書きは同時進行でなくてもいいと思っています。

早めにひらがなを覚えることで、**「人間の世界は、言葉でできている」**ということがなんとなくでもわかりますから、早いうちからたくさんの絵本を読み聞かせ、文字を何度も目にすることは、いいことだと思います。

佐藤ママ オススメ参考書

古文単語ゴロゴ（板野博行／スタディカンパニー）
これだけ覚えたらOK

Q 011

幼少期におすすめの習い事はありますか？ また、始める時期や選ぶポイントを教えてください。

習い事はさせたほうがいいと思います。どのような才能があるかわかりませんし、何もやらないのは、幼児の時間がもったいないと思います。また、何もしないと、結局はテレビを見たりゲームをしたりするだけになってしまうことがあるからです。

私のおすすめの習い事は、水泳と楽器です。

まず、水泳は小さいうちに習うことで、泳ぐ形が整い、変な癖がつきません。それによって、小学校で苦労せずに泳ぐことができます。水泳の授業がつまらなくなってしまっては大変ですからね。

次に、楽器についてです。楽器はなかなか続けにくいので、習っても弾けるような弾けないような状態になりがちですが、音楽に触れ続けることがメリットだと思います。

他には、公文やそろばんなど、基礎学力をつけてくれる習い事もおすすめです。

習い事を始める時期は、子どもの年齢やその習い事の種類やお母さんの体調などによって決めるとよいと思います。

例えば、ピアノであれば、関節ができあがってからと言われますから、3歳過ぎになるでしょう。それより前だと関節が痛むそうです。バイオリンであれば、2歳代でもいいと言われます。公文であれば、1~2歳でしょうか。水泳であれば、小さい頃はベビースイミングになりますから、お母さんが同伴しないといけません。そうすると、兄弟がたくさんいると難しいので、家族構成にもよるでしょう。

佐藤ママ オススメ参考書

マドンナ古文シリーズ（荻野文子／学研プラス）
絵がかわいくて覚えやすいつくり

Q 012

英語は小さいうちから習ったほうがいいとよく聞きますが、佐藤さんはどう思いますか？

英語を習わせないと心配と思うようであれば、習わせてもいいと思います。

ただ、小学校高学年〜中学校・高校に入ってから、小さい頃に習った英語の経験を役立てるのは難しいと考えておいたほうがよいと思います。

小さいうちからの英語の習い事は、英語という言葉に触れて「こういう言葉もあるんだなあ」とか、外国人の先生と接して「楽しいなあ」とか、技能を修得するタイプの習い事というよりも他国の言語である英語の雰囲気を感じるくらいのものとして考えたほうがよいでしょう。

習う場所として、子どもによって進度の差がつくようなところはあまりおすすめできません。というのも、英語に対して器用な子と器用でない子がいますから、どうしても他の子と比べてしまってストレスになる可能性があります。この時の器用さは、後の英語力とは関係ありません。

もうひとつ気をつけたほうがよいのは、真剣に「ネイティブの発音にしたい！」と考えて英語教室に入る方がいますが、本当に優れたネイティブを選ばないと、きれいな発音にならないということです。

たとえば、日本人が日本語を話せるからといって、日本語を覚えたい外国人の方に、国民全員が日本語を教えられるかというと、教えられないでしょう。それと同じように、ネイティブにもレベル差があります。子どもはまっさらですから、真剣に英語を学ばせたいなら、先生はしっかり選ぶ必要があります。

我が家は、美しい日本語を使える日本人として育てたかったので、日本語の習得の方に力を入れました。

佐藤ママ オススメ参考書

田中雄二の漢文早覚え速答法（田中雄二／学研プラス）

漢文は田中先生に全面的に頼るだけ

Q 013

幼少期に塾に行かせるかどうかで悩んでいます。行かせるとしたら、どのくらいのペースがよいでしょうか?

塾には行かせてよいのではないでしょうか。というのも、子どもにどのような才能・可能性があるかわからないからです。

私の感覚では、幼少期の塾のペースとしては、週2日が適当だと思っています。週3日以上は多いと思います。これは習い事も含めての日数です。

小さい頃は、はしゃぎ回って元気に見えるから大丈夫そうに思えますが、毎日外に出るのはやはりつらいものがあるでしょう。幼稚園に行って帰ってきてから、また着替えて塾に行ってというスケジュールは、精神的にも体力的にも大変だと思います。

子どもにとって、朝起きてから何もしないでまったりと過ごす一日、つまり一日中お母さんと一緒にゆっくりして、夜が来たら寝るというのんびりした日は、意外に大切です。

ただし、平日は幼稚園で、土日は習い事とすると、毎日が予定で埋まってしまいます。ですから、「幼稚園から帰ってきたら、外に出なくてもいい」という日を作ることを意識しましょう。

佐藤家の場合、家でゆっくりと過ごせる日も、公文とバイオリンは毎日やっていました。

子どもも何かしないと退屈しますから、あくまでも「外に出なくてもいい」という意味で、家でできることはやらせていました。

佐藤ママ オススメ参考書

田中雄二の漢文早覚え速点法　田中式問題集（田中雄二／学研プラス）

この問題集を解くと必ず点が取れるようになる

Q 014

塾や習い事に通わせていますが、どれくらいの期間続けるとよいでしょうか？

期間は、具体的な数字よりも、「最後までやりきった」という感覚を持たせることが大切だと思います。

「塾や教室が合わない」「子どもがやりたくないと言っている」など、塾や習い事は途中でやめてしまうケースが多いですが、私はやめないほうがいいと思います。ですから、始めるときには慎重に選ぶことをおすすめします。

少しでもつらいと「やめたい」と言う子どもがいます。そもそも「やめたい」と言わせないようにはじめから親はサポートしてあげたいところです。しかし、「やめたい」と言いはじめたら、できるだけやめないように親が手伝ってあげましょう。

子どもがやめたいと言うからには、何らかの理由があるはずです。塾であれば、「毎日勉強するのが面倒くさい」などと言うかもしれません。では、面倒なのはなぜなのでしょう。それは「わからないところがある」からではないでしょうか。やめたいと思う理由を一緒に探して、解決してあげることが大事です。

例えば塾や公文ならば、親が寄り添ってあげることで解決するかもしれません。先生との相性もあります。ちなみに、我が家の子どもたちは、最寄りの公文には行かず、私と考える方向が同じ先生を探して通わせました。

とにかく、他の子と絶対に比べないことを強く意識しておくといいですね。比べ始めるとやめてしまう傾向があります。公文を例に出すと、自分の子どもがひらがなの練習をしているときに「あの子はもう漢字をやっているじゃない」などと言ってしまうと、一気に子どもはやる気をなくしてしまうものです。

新しいことを始めるときには、差がつくことは覚悟して、他の子がどれだけ進んでいるかは関係ないと思うようにしたほうがよいと思います。

佐藤ママ オススメ参考書

徹底例解ロイヤル英文法（綿貫陽：改訂・著　宮川幸久・須貝猛敏・高松尚弘：共著／旺文社）
わかりやすいので、つい読み込んでしまう

Q 015

先取りについて、「先取りOK」「先取りNG」など世間でも意見がバラバラです。どの意見を信じればよいのでしょうか？

まず前提として、子育てに関する意見の受け取り方についてですが、自分の気持ちに合ったものだけを参考にする形でいいと思います。心のちょっとした支えのような感じで考えておくといいのではないでしょうか。

次に、先取りについてです。**私は、中途半端な先取りはよくないと思っています。**というのも、少し知識がある状態だと、子どもはそれを自慢してしまいがちだからです。具体的に言えば、小学校で半年〜1年先のことを知っていると、「これは知っているぞ」とか「次に習うことを知っているぞ」とか子どもが学校で自慢をしてしまうのです。

子どもによっては「知っている内容だから、授業がつまらない」と言ったりします。しかし、これを言わせてしまうのは親の責任でもあると考えます。

私は、子どもに対して、「知っていることを自慢しないように」と言い聞かせていました。授業で説明をしてくれる先生に対して失礼だからです。それに、知っていると言っても、それだけで授業を理解できるほど知っているわけでもありませんから、それくらいでは自慢にはなりません。

また、授業では初めて学ぶ友だちもいますし、問題に対するアプローチもさまざまです。友だちのいろいろな考え方に触れられるのは授業の場ならではです。正しくても間違っていても、「こういう考え方があるのか」と一つの事柄を多面的に考えることができます。

では、どれだけ先取りをしていればいいのでしょうか。私の経験上、**「先取りは3年先以上」**と考えています。これだけ先を見ていれば、俯瞰して勉強の内容を見ることができますので、自慢するようなことはしないし、理解も早くなると思います。

佐藤ママ オススメ参考書

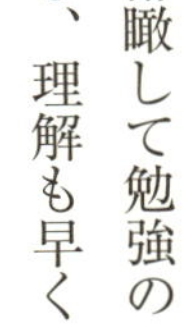

ドラゴン・イングリッシュシリーズ（講談社）
ちょっと違う切り口で英語を見ることができる

Q 027 塾に通わせようと思っているのですが、行きたがりません。何か説得する方法はあるでしょうか？

Q 028 中学受験を考えると、ワンランク上の塾に入れたほうがよい気がします。ただ、ついていけるか不安です。

Q 029 子どもの中で勉強より遊びや運動が優先になっているようです。親としてどのような声がけをしたらよいでしょうか？

Q 030 塾の模試では緊張するらしくよい結果が出ません。どのような対策をしたらよいでしょうか？

Q 031 夫（祖父母・親族など）と受験の方針が合いません。どのように話をしたらよいでしょうか？

Q 032 うちの子は字が汚く、時々自分の書いた字ですら読むことができないようです。書道などを習わせるべきでしょうか？

Q 033 模試の悪い判定をどのように受け止め、また子どもにどういう態度で接するのがよいでしょうか？

Q 034 子どもが「あの子と違う学校に行きたいから受験したい」と言います。こういった動機の受験はよいのでしょうか？

Q 035 偏差値以外でも受験する中学校を選ぶ基準としていろいろあると思います。何を押さえて選べばよいでしょうか？

Q 036 親や親戚が、自分が合格できなかった学校を子どもに目指してほしいと思っています。こういった考えはやめたほうがよいでしょうか？

Q 037 なかなか子どもの成績が伸びません。このままじっと待つべきか、何か手を打つべきか迷っています。

Q 038 直前期（小６の秋以降）ですが、全体的に点数が悪いです。まずは、どの教科から取り組んだらよいでしょうか？

Q 039 模試の判定（成績）が乱高下しています。一連の結果をどのようにとらえればよいでしょうか？

Q 040 中学受験に面接がありますが自信がありません。どのように乗り切ったらよいでしょうか。

Q 041 補欠合格の案内が来ましたが、補欠ということで、子どもが学力的に学校についていけるかが心配です。

Q 042 科目ごとの配点が違うときに力の振り分けはしますか？

第3章

小学校～中学受験編

Q 016 小学生の頃は、友だちと遊ばせたほうがよいですか？　それとも勉強に打ち込ませたほうがよいですか？

Q 017 帰宅時間など子どもが約束を守りません。どうしたらよいですか？

Q 018 子どもが朝起きられません。どうすべきでしょうか？

Q 019 共働きなので子どもが帰宅したときに親が家にいないことが多いです。何か気をつけるべきことはありますか？

Q 020 子どもが本を読みません。国語の勉強などのためにも、本を読むようにさせる方法はありますか？

Q 021 子どもが暗記を苦手としているようです。何か対策はありますか？

Q 022 いつから中学受験の準備を始めたらよいでしょうか？

Q 023 中学受験をさせることを迷っています。受験をするかしないかの判断基準を教えてください。

Q 024 中学受験をするにあたって、塾には通ったほうがよいでしょうか？

Q 025 中学受験をするにあたって家庭教師や通信講座でもよいでしょうか？

Q 026 子どもが「塾が合わない」と言っています。変えることも視野に入れたほうがよいでしょうか？

Q 016

小学生の頃は、友だちと遊ばせたほうがよいですか？ それとも勉強に打ち込ませたほうがよいですか？

私は友だちと遊ぶことと勉強とで、どちらだけがいいということはないと考えています。

我が家の場合には、子どもが4年生で塾に行き始めたら、通塾の時間がかかったり、宿題があったりしましたから、放課後に友だちと遊ぶ時間はなかったようです。

ただし、今は友だちと遊ぶのも、家に集まってゲームをするだけのことも多いようです。我が家の子どもたちは、友だちとは昼休みなど、学校の休み時間を活用し、遊んでいたようです。

塾に通い始めると、ぐっと自由な時間が減ってしまいますが、同時に、塾自体が少しずつ楽しくなってきたようです。

塾には別の学校の児童がいますので、彼らと話すことも楽しくなります。

文房具を見せ合ったりすることもあるでしょう。運動会でしたことを話し合ったりすることもあるでしょう。他の世界を知ることで、塾に行くことが楽しくなるんでしょうね。

例えば、子どもが「塾がつらい」と言うようであれば、そのように言う理由をハッキリとさせましょう。子どもに思い切って聞いてみるといいですね。

塾がつらくなるのは、「友だちと遊べない」からではなく、「宿題に取り組むのが大変」か「成績が上がらない」かが原因の大半だと思います。見つかった問題を取り除くべく、親は積極的に関わっていきたいものです。

佐藤ママ オススメ参考書

ライジング英語長文読解（小川貴宏／桐原書店）
少しずつ無理なく実力がつく

Q 017

帰宅時間など子どもが約束を守りません。どうしたらよいですか？

子どもがなかなか親の言う通りにしてくれないことがあります。例えば、子どもが友だちと遊びに行って、17時に帰宅する約束をしたけど、それでも帰ってこないというケースがあったとします。

約束通りに帰ってこないことで怒ってしまいそうですが、その前にやるといいのが、子どもとできる限り具体的な約束をすることです。**明確に説明をした約束をして、子どもを納得させることから始めます。**

つまり、単に帰りの時間を指定するだけではなく、「17時に帰ってきてね。

そうでないと、夕ごはんが食べられないよ」など、約束を破ることによってできなくなることを具体的に示すといいでしょう。

「親がやれることがあったらやる」のが私の考えです。まずは、「子どもを言葉で納得させること」。それができなければ「親が自分で動くこと」です。

毎回口うるさく「早く帰ってきなさい」「勉強しなさい」とだけ言うと、子どももストレスがたまります。子どもたちが自分の頭で考えて動けるようになっているか考えてみてください。

また、親は子育てに対して柔軟性を持つといいですね。例えば、子どもを早く寝させるために、消灯時間を20時に決めたとします。でも、子どもは20時ピッタリにロボットのように寝るわけではありません。「20時になったから寝なさい」とうるさく言われても、子どもも苦痛ですよね。

ですから、親は口を出すより先に、行動でやらなければならない方向に状況を持っていくのです。例えばお風呂に入って、お布団を敷いて、部屋を徐々に暗くしていって……など、早く寝ることのできる環境作りをするわけです。そうすると、子どもは自発的に寝るようになっていきます。

佐藤ママ オススメ参考書

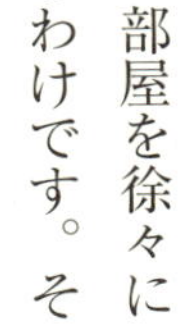

大学入試英語頻出問題総演習（上垣暁雄：編著／桐原書店）
左側に問題、右側に答えと使いやすいレイアウト

Q 018

子どもが朝起きられません。どうすべきでしょうか？

朝早く起きることができないのは、絶対的に睡眠時間が足りないからではないでしょうか。まずは、寝る時間を見直してみるのはいかがでしょうか。

寝る時間を早くするためには、お風呂の時間を早めるなどして、生活スタイルを1時間前倒しにするだけでもだいぶ違います。

その際には、子どもに「寝なさい」と言うだけではなく、親も一緒の時間帯に寝たほうがいいと思います。こういった事情は、両親で共有しておきたいですね。

要は、子どもだけを先に寝させるような環境を作らないことです。朝起きられない子どもの中には、自分の部屋に入って、マンガをこっそり読んでいる子もいるかもしれません。

仮に、子どもと一緒の時間に寝たとしても、親がその時間には眠れないこともあります。そういうときは寝たフリで大丈夫です。子どもが寝た後にお風呂に入るなど、まず寝かせてから自分のことを済ませたらいいと思います。小さいときは、とにかく子どもが寝るまでは、一緒にいてあげることが大切です。

我が家は、みんなで一気にパッと布団に入るので、すぐに寝てました。

また、寝不足と寝起きが悪いことは異なることに、注意が必要です。

我が家では、次男と長女が寝起きはあまりよくないですが、私は、これは「性格」だと考えています。トレーニングなどでよくなるものではないため、寝起きが悪いからといって、「怒らない」ことが大切です。

ただし、あまりにも寝起きが悪くて気になる場合には、いちど病院へ行って検査をすることをおすすめします。

佐藤ママ オススメ参考書

山口俊治英文法講義の実況中継（山口俊治／語学春秋社）

英語に対する考え方が新鮮

Q 019

共働きなので子どもが帰宅したときに親が家にいないことが多いです。何か気をつけるべきことはありますか？

まずは、子どもの安全に十分な注意を払っておきましょう。子どもが一人の場合、家のドアを開けるときが危険で、後ろで待ち伏せして一緒に入られるという事件があるそうです。子どもの帰る時間に、家の電気をタイマーでつくようにしておいたり、帰宅のタイミングには「ただいま」と言うようにしたりするなど、いかにも家に誰かがいるようにするといいでしょう。

親が帰ってくるまでの勉強を含めた生活習慣についてですが、帰宅しても一人で、誰もいなかったり、何もなかったりすると、小学生は寂しく感じるものです。ですから、子どもが一人で家にいる時間帯は、おにぎりやおやつなど何か食べられるように置いておいてあげるといいですね。「お菓子を買っておいたよ」などメモを残しておいてもいいでしょう。

勉強についても、メモを残しておくことは有効です。そのときには少しゆるめの量にしておくといいですね。一人だけで取り組めそうな、面倒にならない量を置いておくことをおすすめします。

例えば、プリントを10枚やらないといけないのであれば、「5枚はやっておこうね。お母さんは●時に帰るから、勉強が終わったらお菓子を食べてね」など、親子のつながりがある状態を感じさせることが大切です。

もちろん、子ども一人ではやりきれないこともあるでしょう。そういうときは、帰ってきてから手伝って一緒に進めてあげて下さい。

また、ゲームなどは子どもが取り出せる場所に置かないようにしておいた方がいいですね。仮にゲームがＯＫだとしても、親が帰ってきてから出す仕組みにしておかないと、子どもに任せっきりでは常にゲームに手を出してしまいますから、ある程度の制限をすることが大事です。

佐藤ママ オススメ参考書

連鎖式英単語事典（ホリム・ハン：著　リチャード・キム：訳／三修社）

英語オタクの人でも面白く読める

Q 020

子どもが本を読みません。国語の勉強などのためにも、本を読むようにさせる方法はありますか？

本は読んだほうがいいとは思いますが、本を読ませることにこだわる必要はないと思います。

我が家では、わざわざ読書の時間を設けるようなことはしませんでした。**ただ、子どもたちは塾のテキストなど教材に出てきた素材の元本を読んだりはしていました。**自分たちで読みたがっていたものは、好きなように読ませていました。我が家の長女は、重松清さんに凝っていましたね。

「教科書やテキストに出てきたものは、楽しいとか読みたいとか感じられないのでは」と思うかもしれませんが、改めて教科書や問題集を見てみると、問題となる部分は、その中で面白いところを載せています。

国語の教材が魅力的に感じられるかどうかは、親が興味を持たせてあげられるかどうかです。教材を苦痛に感じては、国語に興味を持つことは難しいですね。子どもも1人でずっと読んでいると、疲れたり、よくわからなくなったりしますから、教材を親が音読してあげてみてください。そうすると、教材が無味乾燥なものではなくなり、内容を味わうことができるようになります。

我が家では、絵本の読み聞かせの延長で、絵本を読むように教材を音読していました。幼児期に絵本ですごくワクワクしたように小学生の時期の音読も同じように聞いてくれました。

私は子どもたちに楽しんでもらうために、声色や間の取り方を変えたり工夫をしました。子どもたちの顔を見ながら何度も読み聞かせをすれば、コツもわかって読むのが楽しみになります。

佐藤ママ オススメ参考書

スタンダード数学演習シリーズ（数研出版編集部:編／数研出版）

これをマスターするのは当然だと思ってください

Q 021

子どもが暗記を苦手としているようです。何か対策はありますか？

暗記が必要なときに、「はい、10個覚えて」「はい、その10個言ってごらん」というように、恐怖感を抱かせる言い方は避けたほうがいいと思います。

一回あたりの覚える量は少なめにして、それを何度も繰り返して定着させることが確実な方法です。

このとき、答えを見せて一緒に覚えるところから始めることがコツだと思います。問題があると、つい問題を出すところから始めてしまいがちですが、先に答えを見せてしまうのです。

例えば、社会で人名を暗記したいときには、問題を読み聞かせることから始めます。これは面白く問題を読んで、かつ問題の内容を説明することで子どもの意識にインパクトを与えるためです。

その後で、答えをすぐに言ってしまいます。そして、答えを隠してから、問題をもう一度読んで答えてもらう形を取りました。すると、少し前のことですから記憶に残っていますし、答えるときにドキドキすることもないので、比較的スムーズに答えが出てきやすくなります。

もちろん、この流れを一回やっただけでは覚えにくいでしょうから、何回も繰り返すようにしました。

ちなみに、「書く」のは後回しにしたほうがいいと思います。人名の漢字などは、読みだけでなく表記を覚えなくてはいけないからです。**「覚える」ことと「書く」ことの二つを一気に行うのは難しいことです。**「書けないと次にいかない」としてしまうと、進み具合が遅くなってしまいます。たとえ覚えていても、表記が違えば×になってしまうわけですから、暗記するものは欲張ることなく、細かく段階を踏んであげるといいでしょう。

佐藤ママ オススメ参考書

オリジナル数学演習シリーズ（数研出版編集部:編／数研出版）

解けなければならないレベル。問題の作りが丁寧

Q 022

いつから中学受験の準備を始めたらよいでしょうか？

中学受験は、今は、準備のタイミングがだんだん早くなってきています。さすがに小1～2では意識しなくてもよいかとは思いますが、遅くとも小4から準備を始めるといいと思います。

ただし、関東と関西で差があると考えています。関東は塾で小3から社会が科目として入ってきますから、小3から対策を始めるといいでしょう。

中学受験の準備を始める上で前提としておきたいのが「計算力」です。

小4くらいまでに、二～三桁の四則演算はできるようにしておきたいですね。公文などを利用して計算力を鍛えておくと、スムーズに塾の授業についていけます。

我が家の子どもたちは浜学園に通いましたが、やはり計算力はきちんとつけて入塾させました。入塾する場合は、計算がおろそかな状態では、ついていくのが難しくなります。

公文などで少なくとも1年先くらいまで先取りができていると安心です。中学受験の準備をうまく始められるように、計算力だけはしっかりと鍛えておいたほうがよいと思います。

佐藤ママ オススメ参考書

オリジナル・スタンダード数学演習Ⅲ・C受験編（数研出版編集部:編／数研出版）

問題の質がいい

Q 023

中学受験をさせることを迷っています。受験をするかしないかの判断基準を教えてください。

もっとも大事な要素は家庭の経済面です。中学受験をすることや、通学することは、公立の学校に行くよりもお金がかかります。子どもに変に気を遣うことなく、まずは包み隠さず話し合うことが大事になってきます。

中学受験をするにあたっては、ほとんどの場合、塾に通うことが必要になります。その際に、塾に通う費用がかかりますから、親がちゃんと小6のときまで支払うことができるのかを明らかにしたほうがいいでしょう。

その後、私立の学校に通うことになってからも、その学校の（諸費も含めた）学費を払うことができるのかも確認しておくことをおすすめします。

話し合った結果、経済的に難しいということであれば、無理をすることなく、公立の学校に通えばいいでしょう。大学合格において中学受験をすることが必須ということはありません。

ちなみに、受験校のレベルにもよりますが、**教科書や参考書などを教材に使いながら自分で勉強をするだけでは、難関中学の合格は難しいと思います。**それは参考書や問題集の解答は不十分な場合が多く、自分では理解できないことが多いからです。

なお、受験自体はしなくとも、中学受験の勉強をさせたいというのはありだと思います。子どもたちの通った浜学園でも、中学受験はしないけど、中学受験レベルの勉強がしたいという子どもがいました。中学受験の問題はどの科目も12歳で解く最高峰のレベルのものです。そういった問題を解けるようになることは能力開発につながります。

中学受験の勉強と聞くと、内容が特殊だと考えがちですが、そんなことはありません。

佐藤ママ オススメ参考書

チャート式シリーズ〈赤〉〈青〉（チャート研究所：編著／数研出版）
赤か青かは受ける大学で決める

Q 024

中学受験をするにあたって、塾には通ったほうがよいでしょうか？

できれば通ったほうがいいでしょう。特に難関校であればあるほど必要だと思います。もちろん、通わずに合格する子どももいますが、親が塾の先生だったなどのケースが多いようです。

塾に通うことをおすすめする理由は、情報を得られることと、自分が到達すべきレベルがわかることです。

うちの子の場合、塾に入った直後、点数が取れなくて泣いて帰ってきた事がありります。でも、決して嫉妬ではなく、知的好奇心が刺激される感じでした。

塾では、「あの子が、あんなに勉強ができるのは、どうして？」というような、学びの楽しさを味わえるというメリットがあります。

ただ、塾に通うだけの金銭的な余裕がない場合もあるでしょう。そういう場合には、塾のテキストをなんとか探して購入することもできます。市販の参考書だと、専門性という面でどうしても太刀打ちできないからです。

塾のテキストは過去問を基にして作成されている部分が多くあるのもよい点です。

たとえ小4のテキストであっても、中学入試の過去問を意識して作成されています。だから、自分がどこまではできていて、どこからができていないかがよくわかります。

また、解説が丁寧にまとめられているのもいい点です。

市販の問題集などでは解説が簡略化されてしまっているものがありますので、独学する際には不向きです。市販のものを使用する場合は、その点を注意しましょう。

佐藤ママ オススメ参考書

難問題の系統とその解き方 物理（服部嗣雄／ニュートンプレス）
難しいけどテッパンの問題が並んでいる

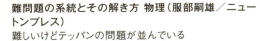

Q 025

中学受験をするにあたって家庭教師や通信講座でもよいでしょうか？

まずは家庭教師ですが、具体的な目標を伝えて、そこに到達してもらうように親がお願いするといいでしょう。例えば、家庭教師の方が小5の4月から来るとします。そうしたら、まずは「子どもは○○中学を受験したいと考えています」と伝えることから始めます。

同時に、子どもには塾などの模試を受けさせます。そうすることによって、自分の学力、つまり今の立ち位置がわかります。順位や判定がわかり次第、その成績を見せて、「6年の○月までに○番の順位まで上げてほしい」などと家庭教師の方に伝えます。そうすると、子どもが希望する学校に合格するための具体的な計画ができあがりますので、具体的に「あと何点取らなくてはいけないのか」がわかります。

これにより、「得意な科目をもっと伸ばしたほうがいい」とか「苦手な分野をつぶしたほうがいい」とか、子どもに合った学習内容が作られていきます。

次に、通信講座です。通信講座の場合は、届いた日か、遅くとも翌日には必ず取り組ませるようにし、すぐに提出させるように親も投函などを手伝うことです。通信講座は継続が難しいと言われていますが、続けるコツは**「すぐに課題を提出すること」**です。もし届いた日や翌日がクラブ活動などで忙しいというのであれば、曜日を決めて取り組んでもらうのもいいと思います。

そして、返却後の答案の見直しやプリントの保管なども親が管理した方がいいと思います。

子どもは添削された答案と点数だけを見て満足してしまうものです。自分の間違えたポイントを復習しなければ、通信講座のメリットが生かされませんので、親のチェックが必要です。

佐藤ママ オススメ参考書

セミナー物理シリーズ（第一学習社）
中の上の難しさ。東大受験はこれが解けないとまずい

Q 026

子どもが「塾が合わない」と言っています。変えることも視野に入れたほうがよいでしょうか？

塾が合わないと感じる原因は、主に**「成績が悪い」「周りの子どもたちの雰囲気になじめない」**という二つが考えられます。

小学生で転塾を考える場合は、４年生が一つの基準です。学ぶ内容が進むにつれて、教え方が塾によって異なる場合があるからです。

教え方が変われば、子どもはちんぷんかんぷんになってしまい、わかっていたこともわからなくなり学習に無駄が出てきてしまいますので、転塾の決断はできるだけ早めにしましょう。

塾を選ぶ場合は、子どもはどの塾がいいかはわかりませんから、親主導で考えます。

そのときに重要なのは、自分の子どもが通っている小学校の児童がどのくらいいるかどうかを確認しておくことです。「成績が悪かったから、こっちの塾に来たんだろう」なんて、塾や学校で言われてしまっては子どもが不愉快な思いをします。

そのあたりは、次に行こうと考えている塾の先生に事前に相談することをおすすめします。

塾もいろいろとあります。進度についていけないということであれば、子どもの様子を見てレベルを下げることを考えてもいいと思います。

また、雰囲気についても、厳しいところもあれば、アットホームなところもあります。子どもとも話し合いながら、塾を移るときは慎重に考えましょう。

佐藤ママ オススメ参考書

新体系物理Ⅰ・Ⅱ（下妻清：著　岡田拓史：補訂／教学社）

よくまとまっている。苦手なところだけやるのもいい

Q 027

塾に通わせようと思っているのですが、行きたがりません。何か説得する方法はあるでしょうか？

塾に行きたくないという子どもには、公立中学に行くことになり、さらに高校受験がある可能性についても説明してください。どうしても行きたくないというなら親があきらめるしかありません。

もしそれでも子どもを説得したい場合は、一科目だけで週3日くらい行ってもらうなど少しずつ塾に慣らすことです。科目の選び方としては、子どもの好きな科目を選んでください。塾に通い始めたことで、もし点数を取ることができるようになれば、子どもはもっと塾に行きたくなるはずです。

Q 028

中学受験を考えると、ワンランク上の塾に入れたほうがよい気がします。ただ、ついていけるか不安です。

塾によっては、公開テストを実施していますので、それを受けて順位を知ることによって、ランクを上げるかどうかの判断基準にしたらよいのではないでしょうか。もちろん、現在通っている塾で手一杯のようであれば、そのまま在籍させたほうがいいと思います。塾のランクが上がれば、進度が速くなったり、宿題が増えたりする場合があり、ついていけなくなる可能性も出てきます。または、レベルの高い塾の授業をプラスアルファで受けるという手もあります。足りないところを補う手段として使うのはよいと思います。

Q 029

子どもの中で勉強より遊びや運動が優先になっているようです。親としてどのような声がけをしたらよいでしょうか？

小学1～3年生は学校の授業についていくことができていれば問題はないと思います。**その後の4年生から、塾に通わせることを考えてはどうでしょうか。**中学受験を考えているならば、少し強制的に勉強の環境を作ったほうがいいでしょう。

入塾しても毎日塾に通うわけではありませんので、塾の宿題が済んだら遊んでも構わないという状態にしておくことがポイントです。

我が家の子どもたちもよく遊んでいました。4年生のときには、塾は週に3

日でしたから、それ以外は夕方まで家で思いっきり遊ぶという感じでした。ぎゅうぎゅう詰めで勉強をさせるよりも、メリハリがついていいんじゃないかと思います。

学校や地域のクラブ活動に参加したいという子どももいるでしょう。学校や塾の宿題さえやり終えることができれば、参加してもいいと思います。ただ、ある程度のレベルの中学に合格したいのであれば、週1回が限度というところでしょうか。

6年生になると、クラブなどに時間を使えるほどの余裕はないのでは、というのが正直なところです。

佐藤ママ オススメ参考書

名問の森 物理（浜島清利／河合出版）
名前で少し引くけど、そんなに難しくない

Q 030

塾の模試では緊張するらしくよい結果が出ません。どのような対策をしたらよいでしょうか?

最初に心得ておいたほうがいいのは、緊張は勉強が足りない証拠だということです。私は、緊張は「悪い点数を取ってしまうのではないか」という不安からくるものだと考えています。

子どもが十分な準備をしていれば、自信をもって試験に臨むことができます。逆に、準備が中途半端であれば、不安になり、緊張します。それが続いてしまうと、悪い緊張癖がついてしまいますので注意しましょう。

うちの子どもたちにも、「緊張するのは勉強が足りないから」とずっと言ってきました。「準備不足で頭が真っ白になる」のは、癖になります。それで本番も真っ白になったりしますから、癖にしないようにしっかり勉強することが大切です。

ですから、親としては子どもに十分な準備をさせておいた上で、「さあやるぞ」という気持ちで送り出せるような環境を作ることを心がけてください。仮にいい点が取れなかったとしても、「闘う」という気持ちが前に出るようになると、緊張することはなくなります。こういうポジティブな癖をつけることが受験では大切です。

ただ、いきなりすべてできるように準備するのは難しいことです。ポジティブな臨戦態勢を整えるためには、得意な科目や単元に絞り込んで準備をすることから始めましょう。

親が子どもの学習状況や成績を見て、得意な分野を見つけて伸ばしてあげ、その間は苦手な分野については「苦手なところが出たら、適当に答えを書いてもいいよ」と言えるくらい、思い切って絞った学習をするといいです。

そうすれば、「これができたから点数を取れた」と子どもを褒める瞬間に出

佐藤ママ オススメ参考書

理論物理への道標 上・下（杉山忠男／河合出版）
余裕があれば。内容は面白い

会えるはずです。得意だったり好きだったりする科目や単元に死ぬ気で1週間取り組んでから模試を受けに行くなど、親と子どもで覚悟を決められるといいですね。

例えば、子どもに「最初の計算問題だけでいい」「あとは全部捨ててもいいから」「計算問題が終わって時間が余ったら、残りの時間で1～2問解いたらどう」と声をかけてあげるのです。最初はほんの少しからのスタートでいいのです。このとき、計算問題ができていたら、しっかりと褒めてあげましょう。そこからじわじわと進んでいったらいいと思います。

ちなみに、模試は嫌だとか怖いとかで受けたくないという子どもがいるかもしれませんが、**敵前逃亡は癖になってしまいますから、模試は必ず受けさせるようにしてください。**

最初に「受けない」と決めたお子さんが、次の機会に受けるのはなかなかできないことです。もし何も準備ができなかったとしても、「0点でいいから行っておいで」という感じで送り出してあげてください。模試を受けさせることがはじめの一歩です。

Q 031

夫（祖父母・親族など）と受験の方針が合いません。どのように話をしたらよいでしょうか？

一度、子どもを「どのような道に進ませたいのか」を、子どものいないところで話し合ってみてください。

お母さんとお父さんで受験に対する方針が対立することは十分考えられます。ただ、中学受験をするにしても、しないにしても、学力を高める必要があることはお互いに理解できるはずです。であれば、受験のあるなしにかかわらず、実力をつけるためにも塾に通わせるという提案をすることくらいはできるのではないでしょうか。そういった話から始めてもいいと思います。

他には「子どもを自由に育てよう」という考えを持つ方もいらっしゃるでしょう。そういう方は、子ども自身の好きなようにやらせておけば、いつか自然と自主的に勉強をするようになると考えているかもしれません。勉強への意識がだんだんと芽生えていくような考え方です。

もし両親とも同じように思っていれば、そのまま育てていけばいいと思いますが、対立した場合は、話し合うことが必要です。話し合っても一致しない場合は、責任をもって育てられるほうの方針にすべきでしょう。

また、「自分たちの時代はとりたてて何かしなくても、ある程度のレベルの大学には行けたから」と考えている方もいらっしゃいます。

しかし、親の時代と子どもの時代は違います。常に新しい情報をもとに今の時代に合わせて考えないと、親の考えているレベルに子どもが達しないということになります。

今は、スマホやゲーム、パソコンなど勉強の邪魔になるものが増えています。**以前に比べて、勉強をしない環境になっていることを認識しなければならないでしょう。**

したがって、祖父母、親族の意見は参考までに聞き、受け流したらいいと思います。振り回される必要はありません。お母さんが責任を持って子どもを育てればいいのです。

ちなみにわが家でも、灘を志望するといったときに、

「（大阪の）梅田の繁華街を通過するけど大丈夫か」

「県を通過して（奈良→大阪→兵庫）通学するのは、やりすぎでは」

という話がありましたが、それはすべて納得してもらいました。

佐藤ママ オススメ参考書

物理のエッセンス（浜島清利／河合出版）

まさにエッセンスがつまっています

Q 032

うちの子は字が汚く、時々自分の書いた字ですら読むことができないようです。書道などを習わせるべきでしょうか？

しばらくの間は子どもに何度も書き直させながら、隣で親がチェックすることが有効でしょう。

我が家の三男は、字が汚くて大変な時期があり、この方法が効果的でした。三男は算数で自分が書いた途中式の字が読めずに、ミスすることがありましたが、小学1年生が使うような、文字を大きく書かせるノートを買い、書き直しをさせました。

子どもに「きれいに書くように」と言うだけでは、効果がありません。子どもは自分で書き直したがりませんから。２～３カ月は我慢して、根気強く見守り続けることが大事です。

結局、三男の場合は数字の書き直しをさせ始めてから、４カ月くらいはかかったでしょうか。小５の終わりでしたが、「もう今しかない」と覚悟を決めて取り組みました。

字のことは小さなことのように思えますが、実は、無駄な点数を失うことにつながります。合格するための丁寧な答案を書くことができなくなるので、軽く見てはいけません。

少しくらい汚くてもいいかと放置すると、あとで面倒なことになります。普段から子どもの勉強を観察しておくことで、細かな間違いを見つけることができます。それによって、丁寧な答案を書くためのサポートができるのではないでしょうか。

ちなみに、字が汚いからといって、わざわざ書道の習い事をさせる必要はないでしょう。受験対策としては不要です。

佐藤ママ オススメ参考書

セミナー化学シリーズ（第一学習社）
受験生は必ず通る本

Q 033

模試の悪い判定をどのように受け止め、また子どもにどういう態度で接するのがよいでしょうか？

結果は何をしても変えられませんから、結果を結果として受け止め、子どもを怒らない姿勢が大切です。結果を受け止めた後は、見直しを必ずやりましょう。小6は、間違いはすべて見直したほうがいいと思います。

このとき、間違ったところを直して、ノートに貼ってまとめた「間違いノート」を作ることをおすすめします。子どもがよく間違えるところや理解しにくいところは共通しているので、学校側もそこをよく出題してきます。

我が家では、国語と理科、社会のノートを作り、「必殺ノート」と名付けましたね。子どもたちは、テストや模試に、必殺ノートだけを持って行っていましたね。

　実力を伸ばすには自分のできないところをいかにつぶすかが勝負です。間違いの見直しは面倒ですし、それを「ま、いっか」と思いがちです。しかし、そのままにしては、いつか大きな落とし穴に落ちてしまいます。面倒ですが、すべての問題を完璧にしておく気持ちが大事です。自分の怠け心と向き合う根気が一番大切ということを心得ておいてほしいと思います。

　最後に、「実力をどこまでつければいいのか」という話ですが、考え方としては「受験は3回受けても、必ず3回合格するという実力をつける」くらいに考えておかなくてはいけないと思っています。

　1回受けて合格すればいいと思うのと3回受けて3回すべて合格するぞと思うのとでは、覚悟が違います。こう考えると、最後の本番のときだけではなく、日頃の勉強に緊張感を抱くことができるのです。

　受験期に入るときに、このようなことも子どもに最初に言っておくと、模試の見直しなどをいい加減にやらなくなるので、おすすめです。

佐藤ママ オススメ参考書

化学Ⅰ・Ⅱの新演習（卜部吉庸／三省堂）
この本を知らない受験生は会ったことがないほどの有名な本

Q 034

子どもが「あの子と違う学校に行きたいから受験したい」と言います。こういった動機の受験はよいのでしょうか？

私は「あり」だと思います。**なぜなら、嫌がらせやいじめなどネガティブなことがあると、学校に通うのが嫌になってしまうからです。**

例えば、公立の学校では地域ごとに分かれていて、同じ学校に行かざるを得ない状況が出てくるでしょう。そういったときに、私立の学校に行くというのはいい手段だと思います。

場合によっては、レベルを下げてでも別の学校に行くことを考えてもいいでしょう。

私の聞いた話では、小学校のときにどうしても合わない子がいたとあるお子さんが、レベルを下げて別の私立の中学校に通うことに決めたそうです。結果的に、「合わない友達と別れてよかった」と言っていました。

受験する学校選びにはいろいろなパターンがあります。例えば、子どもは友だちがみんなここに行くから、自分もここに行きたいという場合もあります。私はこの動機もありだとは思いますが、もし偏差値を下げるようであればその学校を選ぶようなことはしないほうがいいでしょう。自分の人生ですから、人に引っ張られ大事なことを決断するのはよくないと思います。

佐藤ママ オススメ参考書

新 理系の化学問題100選（石川正明／駿台文庫）
石川先生は有名人です。テキストも当然すぐれもの

Q 035

偏差値以外でも受験する中学校を選ぶ基準としていろいろあると思います。何を押さえて選べばよいでしょうか?

私が子どもたちを育てながら大事だと思ったのが、通学時間です。通学時間が片道2時間を超えると、体力的につらくなってきます。多少の偏差値の違いであれば、より近い学校も考慮に入れてみてください。

次に、よく話題に出てくるのが制服です。同じようなレベルの学校であれば、子どもの好みの制服の学校を目指したらいいと思います。

ただし偏差値が大幅に変わるようであれば、考え直したほうがいいですね。偏差値を下げてまで、制服で選ばないほうがよいのではないでしょうか。

それから、同じく質問によく挙がる部活についてです。

私がよく聞くのは、子ども自身がやりたい部活が強いことを理由として、学校を選ぶことです。

偏差値が極端に変わらなければ、部活を基準にして選ぶのは問題ないでしょうが、部活によって練習でものすごく忙しいということがあります。その後の受験を考えたときに負担にならない程度にしておきたいところです。

最後に、大学附属の中学校についてですが、もしすでに行きたい大学が決まっているのであれば、ストレートで大学に入学できるのですから、大いにありだと思っています。

佐藤ママ オススメ参考書

化学Ⅰ・Ⅱ重要問題集（数研出版編集部：編／数研出版）

この問題はすべてマスターするべきもの

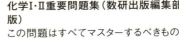

Q 036

親や親戚が、自分が合格できなかった学校を子どもに目指してほしいと思っています。こういった考えはやめたほうがよいでしょうか?

お父さんやお母さんが、自分の憧れを子どもに託すという話をよく聞きます。

これは、子どもが納得するかどうかが大切です。もし納得しなければ、子どもの意見の方を大事にしたほうがいいですね。

また、自分が入れなかった学校に子どもを行かせたいという話も聞きます。いわゆる名門校の場合には、親だけに限らず祖父母や他の親族が言うこともあるようです。

この気持ちはわからなくもないのですが、子どもに対しては大きなプレッシャーになることを心得ておきましょう。もしその学校に行くだけの実力がついていなければ、子どもはなおさら大変に感じるはずです。

子どもの現状を見ながら接することが大切になります。

その学校に子どもが行きたそうかつ行けそうであれば応援しましょう。しかし、もし難しそうであれば、「行かせたい」という気持ちは胸にしまっておいたほうがいいですね。もし親戚がそれでも「行ってほしい」と言う場合は、それを止めることも親の役目です。

周りが昔のことを引っ張り出して、感情的なことを言うのは子どもにとって大きな負担になります。子どもは子どもで今の時代を生きていますから、子どもを見て話し合って決めるようにできるといいですね。

佐藤ママ オススメ参考書

斉藤化学Ⅰ・Ⅱ講義の実況中継①～④（斉藤慶介／語学春秋社）

化学が苦手な人はまずこれ

Q 037

なかなか子どもの成績が伸びません。このままじっと待つべきか、何か手を打つべきか迷っています。

成績が伸びないということは、どこかできていない部分があるということです。**しかし、待ったところで成績は伸びてはくれません。**勉強内容はどんどん難しくなっていきますし、周りの子どもたちは成績を上げていきますから、何もしなかったら成績は落ちる一方です。

早く手を打つ必要がありますので、まずは成績が伸びない原因を探りましょう。どこか理解できていないところが必ずあります。科目別にどこができていないのかを確認します。宿題の取り組み方や模試の成績、復習のノートなどを見ながら、一つずつ精査していきます。

成績が伸びなくても、勉強をしていれば「頑張ったからいつかは伸びる」とか「時間をかけて勉強をしたからいつかは伸びる」などと言いがちですが、頑張ったという精神論と勉強時間を持ち出さないようにすることをおすすめします。頑張っても、時間をかけても、結果が出るとは限りません。

例えば、模試を受けて60点だったとします。そこから伸ばすためにはまず、できなかった40点分のうち、できそうな10点分の問題だけを見直しましょう。すべてを見直してしまうと、今の力では太刀打ちできないものにまで手を出すことになり、時間の無駄になってしまいます。

時間をかけて頑張っているのに結果が出ない姿を見るのはつらいものです。適切な学習内容に対して、適切な時間をかけられるように、親がサポートできるといいですね。

学年が上がるにつれて、親は勉強の内容まで面倒を見られなくなりますから、そのときは環境作りを徹底しましょう。

佐藤ママ オススメ参考書

よくでる世界史B一問一答　重要用語問題集（小豆畑和之:編／山川出版社）

これをやると頭の中の知識がまとまる

Q 038

直前期（小6の秋以降）ですが、全体的に点数が悪いです。まずは、どの教科から取り組んだらよいでしょうか？

好きな（得意な）教科から取り組むことをおすすめします。 1カ月くらいその好きな科目だけを集中的に強化しましょう。それにより勉強する態勢ができあがり、やる気が出て、成績が伸びていく傾向にあります。

点数が悪いと、苦手な教科から手をつけがちですが、それだと子どもがやる気を出してくれません。苦手ですから点数もなかなか伸びにくいものです。

まずは1科目を徹底的に取り組んで、「これはできるぞ」という感覚を子どもに体験させてあげましょう。その間、他の科目は放っておきます。

Q 039

模試の判定（成績）が乱高下しています。一連の結果をどのようにとらえればよいでしょうか？

模試の結果は気にしないことが一番です。**もっとも大切なのは、できなかった部分のやり直しです。** ここを地道にやっていきましょう。

我が家の子どもたちの成績を見ていて思ったのは、「悪い」状態が2回続くと、危険信号を発しているということです。どこかで覚え損なっていたり、理解が不十分だったりする部分がある証拠ですから、早く原因を探りましょう。

結果が「いい」「悪い」で交互になるくらいであれば、一喜一憂する必要はありません。間違えたところを見直すことを徹底するのみです。

Q 040

中学受験に面接がありますが自信がありません。どのように乗り切ったらよいでしょうか。

面接は多くの人が初めての経験です。受験生は皆、面接は自信がないものだととらえてください。また、中学受験の合否に占める面接の割合は高くありません。挨拶と言葉遣いなどがきちんとできていれば、面接で落ちることはありません。緊張したぐらいでは落ちないのです。

それでも不安ということであれば、塾を利用しましょう。面接の対策をする塾もあります。**あとはペーパーテストで「この点数で落とせるならば落としてみろ」くらいの高い点数を取ることも大事なポイントです。**

Q 041

補欠合格の案内が来ましたが、補欠ということで、子どもが学力的に学校についていけるかが心配です。

仮に補欠合格であったとしても、行きたい学校であれば迷わずに行ったほうがいいと思います。

補欠合格した学校のレベルが高い場合は、高いレベルの生徒たちに引っ張られ、引き上げてもらうことができます。そこをメリットとして考えましょう。もちろん、その分、心して学校の授業には臨まなくてはいけません。

もし学力が心配ならば、入学したタイミングで塾に通わせてもいいでしょう。早めに対策を練るのです。そのあたりは親がフォローしてあげましょう。

Q 042

科目ごとの配点が違うときに力の振り分けはしますか？

力の振り分けは必要です。第一志望の得点配分を見て決めましょう。例えば、算数200点満点、国語100点満点、社会100点満点であれば、やはり算数に力を入れる必要があります。

仮に、第二志望や第三志望の学校の受験科目の中で、特殊なものがあったとしても、気にする必要はありません。結局は、どこを志望しても、算数も国語も取り組まないといけないわけですから、第一志望に合わせて学習を進めてください。

あわせて、志望校によって配点がバラバラだったとしても、そこも細かく気にすることはありません。基本的には第一志望の得点配分に沿ってください。

ただ、注意しておきたいのは算数の扱いです。**もし全教科に振り分ける力が100あったとしたら、そのうちの50は算数にあてましょう。**算数は放っておくと鈍りやすい科目です。定期的に量をこなしておくことが大切だからです。

残った50を他の科目で分けるイメージをもつといいですね。そこからは子どもの学力や得意・不得意に合わせて、微調整をしていきましょう。

佐藤ママ オススメ参考書

詳説世界史研究（木下康彦・木村靖二・吉田寅：編／山川出版社）

読みやすく、世界史が小説のように感じる

よい点はありますか？

Q 049 子どもの進路に対して、学校の先生と塾の先生の意見が違います。どうしたらよいでしょうか？

Q 050 直前期（中３の秋以降）で子どもが志望校を変えたいと言ってきました。希望通りに変えたほうがよいでしょうか？

Q 051 模試はどの程度受けておいたほうがよいですか？

Q 052 学校の中間試験や期末試験はどのように考えればよいでしょうか？

Q 053 中３のいつ頃から過去問に取り組んだらよいでしょうか？

第4章

中学校～高校受験編

Q 043 いつから高校受験の準備を始めたらよいでしょうか？

Q 044 中学受験で不合格だったトラウマがあります。それをどのように克服したらよいでしょうか？

Q 045 親としては公立高校に行かせたいですが、子どもは私立高校に行きたいようです。どのように摺り合わせたらよいでしょうか？

Q 046 現在通っている中学校の授業だけでは、やや高校受験が心もとない印象です。どのようにしてフォローすればよいでしょうか。

Q 047 家庭の経済状況の都合などで独学しかできないのですが、何か注意点はありますか？

Q 048 中１・中２のときの勉強で注意したほうが

Q 043

いつから高校受験の準備を始めたらよいでしょうか?

中1です。

理由は二つあります。一つは受験する学校によっては内申点が関係することです。内申点は積み上げなので、当然中1から関わってきます。

もう一つは、中学校の学習内容は「積み重ね」だからです。特に、英・数は中学校からの積み上げがそのまま高校や大学入試にまで関わるので、油断せずに中1からしっかりと勉強しなければなりません。

中1から力を入れて特にやらなければいけないのは、英語と数学です。英・

数は一度なまけると後から取り戻すのが大変なので、早めにコツコツやる必要があります。

中高一貫校でなければ、塾などに早めに行くのがよいと思います。

我が家の3兄弟が中1・中2のときに塾に行かなかったのは、灘が中高一貫校で、「高校受験」がなかったからです。高校受験がある場合には、やはり中1から手を打つのがよいと思います。

注意しなければいけないのは、「部活動」です。

中学校になると、小学校の「クラブ活動」と違い、熱心な部活動だと平日はほぼ毎日練習、土日も多くが試合などでつぶれるというところがたくさんあります。

部活動は、人間関係やチームワークの育成などの面ですばらしいと思いますが、どうしても時間がとられますし、終わってから勉強するのもなかなか難しいものです。

親としては、最低限の勉強時間が確保できるようにしっかりと見守っていきましょう。

佐藤ママ オススメ参考書

各国別世界史ノート（塩田徹・永井英樹：編／山川出版社）

時代ごとの知識を国別にまとめられる

Q 044

中学受験で不合格だったトラウマがあります。それをどのように克服したらよいでしょうか？

中学受験でうまくいかなかった体験は強く記憶に残っていると思います。ですが、これから臨むのは高校受験という新たな試験ですから、親子共々気にしないようにすることが大切です。

また、中学受験でうまくいかなかったイメージを払拭するために、勉強を早めにスタートしてはいかがでしょうか。そのためには、中1から塾に行って、早く走り始めたらいいと思います。時間がかかるかもしれませんが早めに不安を克服していくことが必要だと思います。

●過去の受験失敗の乗り越え方

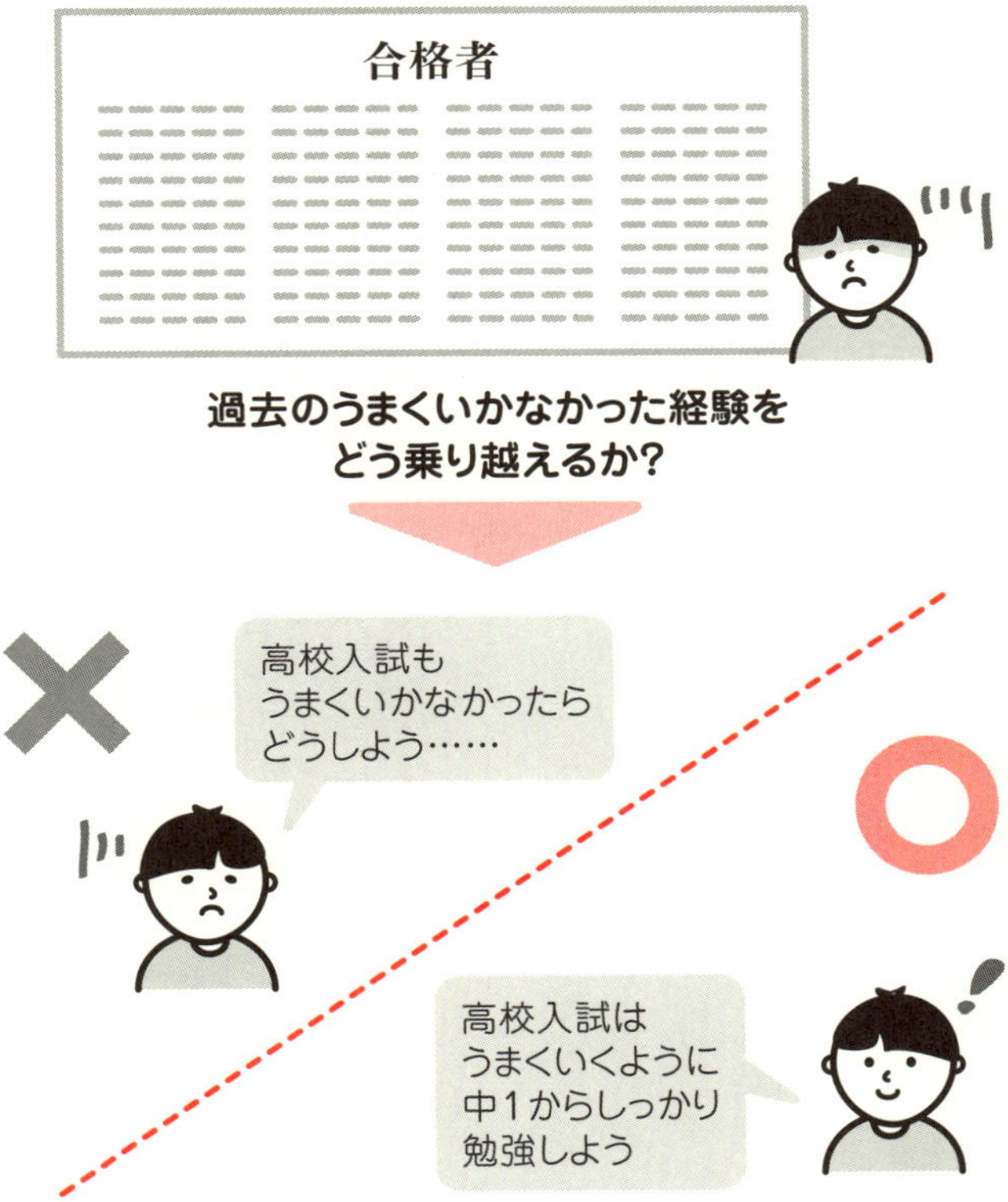

勉強を早めにスタートして乗り越える

Q 045

親としては公立高校に行かせたいですが、子どもは私立高校に行きたいようです。どのように摺り合わせたらよいでしょうか?

公立高校と私立高校では学費がかなり違いますから、経済的なことを考えるのが第一です。まず、親と子どもで家庭の経済状況について話し合いましょう。

高校の後の大学でもさらにお金がかかりますから、そこまで見越して話をするのがポイントです。

経済的に私立高校が難しいということであれば、それを正直かつ早めに子どもに伝えることです。「このくらいまでしか学費が出せない」「だから、公立高校を目指してもらえないか」と具体的に伝えます。

私は、経済的に無理をしてまで私立に行かせる必要はないと思います。これから高校生になるのであれば、子どもには親の経済状況の中で生きていることを自覚してもらいましょう。

また、別のケースとして、偏差値の高い私立の進学校に行ける実力がありながら、少し偏差値の低い別の私立高校を第一志望と考えることもあるでしょう。

こういった場合、私はどちらの高校も受験することをすすめます。どちらに入学するかは、結果がわかった後に決めればいいのではないでしょうか。

もしどちらも合格して、それでも偏差値の低いほうの高校に行きたいというのであれば仕方ないと思いますが、はじめから偏差値の高い高校にチャレンジしないのはあまりおすすめできません。

佐藤ママ オススメ参考書

センター試験への道　世界史―問題と解説（年森寛：編／山川出版社）

親子で1冊ずつ持って掛け合いをやると覚えやすい

Q 046

現在通っている中学校の授業だけでは、やや高校受験が心もとない印象です。どのようにしてフォローすればよいでしょうか。

まず、塾に通わせることをおすすめします。中学入学の時点で高校受験を見据えた塾を選ぶのです。

というのも、塾では中間試験や期末試験を考慮して、内申点を取れるように細かく指導してくれるからです。これをすべて自力でやろうとするのは難しいと思います。おそらく、合格できる高校のランクが1～2ランクは変わるのではないでしょうか。

通い始める時期としては、3年生からでは間に合いません。内申書が鍵となるからです。

他にも塾に通うメリットはあります。塾では偏差値と自分の実力が数字で示されることで、子どもが目標の学校を具体的に設定することができます。それに加えて、他の塾生と競い合うことで、子どもが自分の現在の位置を把握することができます。

受験するとなれば、データが重要です。そのデータを獲得するためにも、塾に通わせるといいでしょう。

次に、塾の選び方ですが、現在、さまざまな種類の塾があり、月謝が1万円ほどのところもあります。もし「塾のペースについていけるか不安」という心配があれば、子どもがついていける塾を探しましょう。

学習内容の理解が浅い場合には、先取り学習ではなく、復習をメインにする復習塾などもあります。親が責任を持って塾のリサーチをし、決めたらいいと思います。

佐藤ママ オススメ参考書

決定版 世紀の号外! 歴史新聞（歴史新聞編纂委員会／日本文芸社）

切り口がおもしろい

Q

047

家庭の経済状況の都合などで独学しかできないのですが、何か注意点はありますか？

中学入試とは異なり、中学校の勉強は独学で進めることはできると思います。子どもがある程度大きくなってきているので、学習を自分で管理できる部分が増えるからです。ただ、それでもすべてを自分で管理することはできません。学習環境を整えるという意味で、親も一緒に学習に取り組んでください。

まず、どのように独学を進めていくか。何か軸になるものを一つ決めると、学習を継続しやすくなります。決して具体的な計画なしにやってはいけません。

本（参考書／問題集）だけで独学することもできますが、塾や家庭教師ほどは高くない通信講座を使ってはどうでしょうか。定期的に教材が届くことで、子どものお尻を叩く役割を担ってくれます。もちろん、通信講座でも親のサポートは欠かせません。答案の提出や復習の管理を手伝うことで、子どもの学習がうまく回っていきます。

他にも、親が中間試験と期末試験のチェックをすることも大切です。特に独学の場合には、中間・期末を日々の目標にしてはどうでしょうか。

その際も、単に試験結果に目を通すだけではまずいと思います。高校受験は内申点が影響しますから、中間試験と期末試験がいかに重要かを子どもに伝え、計画的に中間・期末試験の準備を進めるように話しておく必要があります。

中学生で勉強を一人で進められるようになってきたとはいえ、親が傍観者になっては、後々親としての責任を取ることができません。また、中学生になると、学習状況やテストの成績を親に見せなくなることもある時期です。

だからこそ、積極的に子どもの勉強に関わっていただきたいと思います。

佐藤ママ オススメ参考書

スピードマスター日本史問題集（東京都歴史教育研究会:編／山川出版社）

まずこれで頭の中を整理する

Q 048

中1・中2のときの勉強で注意したほうがよい点はありますか？

普段の勉強としては、復習をすることが大事です。学校から出される宿題が復習を兼ねていると思いますから、宿題には必ず取り組みましょう。

次に、中間試験と期末試験の対策です。**基本的に、2週間ぐらい前から準備をしておくことが大切です。**とはいえ、主要3科目（数学／英語／国語）は、2週間前に慌てないように、普段そこそこの状態にしておくことが理想です。

一方、社会と理科は試験前に一気に詰め込む形でもいいと思います。

中間・期末の勉強法

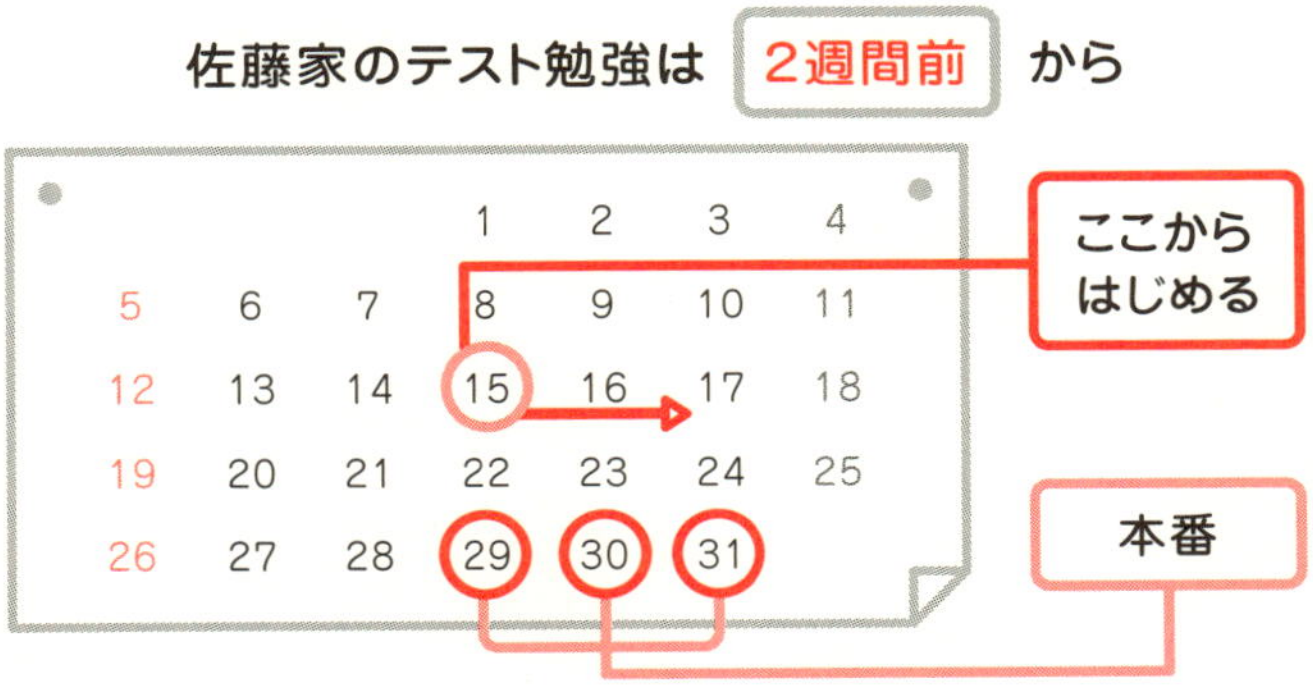

佐藤家のテスト勉強は 2週間前 から

ただし、主要3科目(英・数・国)は
普段からそこそこの状態にしておく

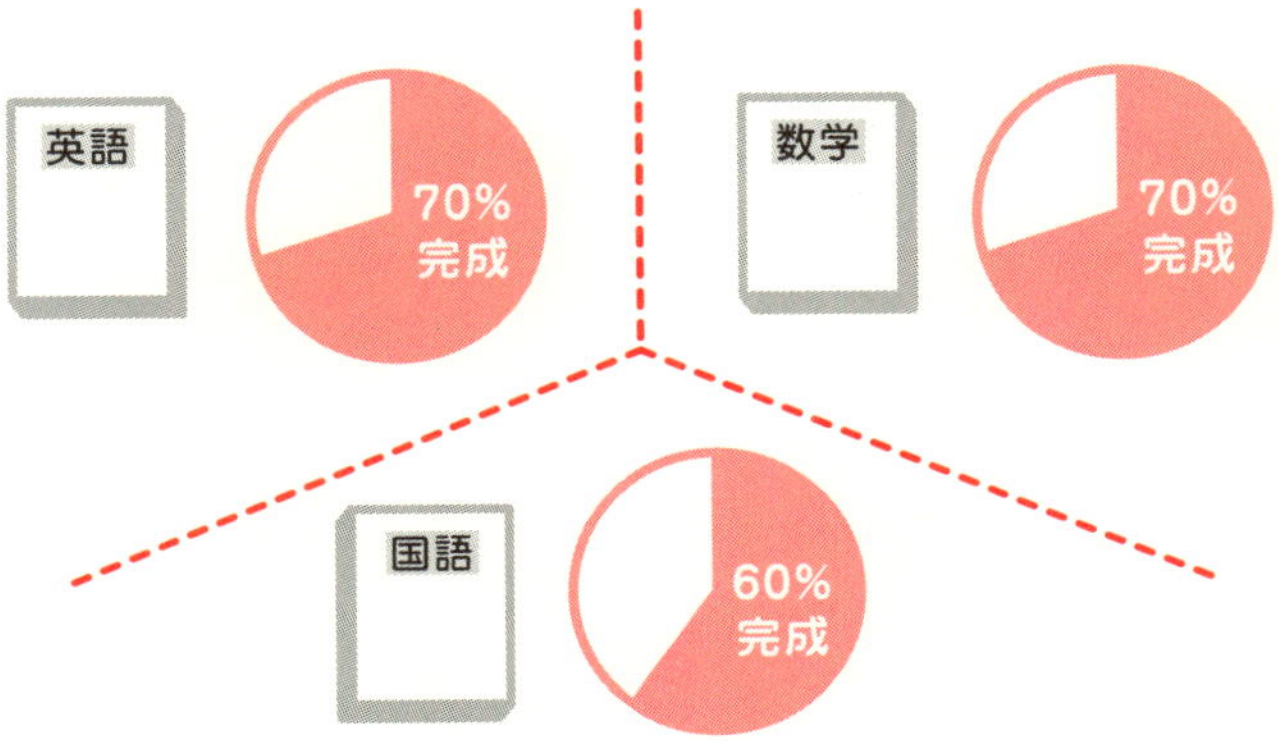

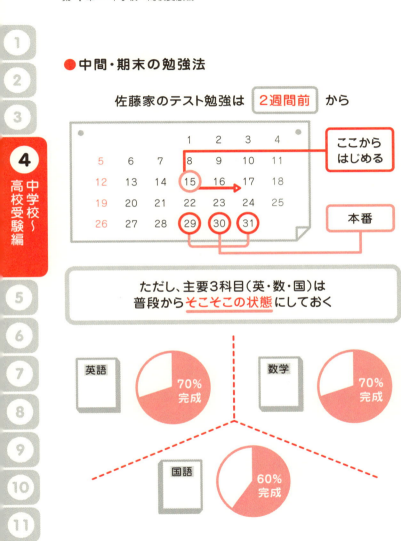

Q 049

子どもの進路に対して、学校の先生と塾の先生の意見が違います。どうしたらよいでしょうか？

学校の先生は学校や授業のようすを考え、塾の先生は学力や志望校合格を気にしていますので、意見が異なることがあるのは当然です。例えば、学校の先生は地域の二番手校をすすめ、塾の先生は一番手校をすすめるということも起こり得ます。

結論としては、どちらの意見も参考程度に留めて、受験する学校は子どもの意思を尊重する形がいいと思います。

Q 050

直前期（中3の秋以降）で子どもが志望校を変えたいと言ってきました。希望通りに変えたほうがよいでしょうか？

「志望校を変えたい理由」がポイントになると思います。それを子どもに聞いてください。

こういう場合、志望校と自分の成績に差があることが多いようです。上を狙いたいという場合は、頑張って挑戦させたらいいと思います。行きたいと思う気持ちは、学習するモチベーションを保つ上で大切です。

ただ、挑戦して万が一落ちた場合の保険として、別の学校も受験するようにしておきます。

高校受験の場合は、（特に私立高校であれば）記念受験に近い、挑戦的な受験をしてもいいと思います。

一方、不合格になるのが不安で1ランク落とすことを考えることもあるでしょうが、そういう場合には、確実なところを狙ったほうがいいと思います。

しかし、ランクを落としたからといって、確実に合格するわけでもありません。

志望校のランクを上げると必死になって勉強するのですが、ランクを下げると「自分は大丈夫」と油断してしまう傾向があるので、**志望校のランクを落としたときこそ、よりいっそう勉強するつもりでいるのがよいと思います。**

安易に志望校をコロコロ変えず、自分の実力を受験直前まで見てから、最終的に受験する学校を決めるのが一番いいと思います。

Q 051

模試はどの程度受けておいたほうがよいですか？

模試は中3であれば、いろいろと積極的に受けておくといいと思います。

まだ習ったことのない範囲が出題されるとしても、受験をおすすめします。学校の定期試験と違って、模試は新鮮に感じるでしょう。解くときの緊張感が違うはずです。また、自分の順位が出ることで、「志望校との距離」という自分の立ち位置がわかります。もちろん、成績を見て一喜一憂するだけではもったいないですから、模試は受けて終わりではなく、自分のできなかったところやわからなかったところを復習しておきましょう。

Q 052

学校の中間試験や期末試験はどのように考えればよいでしょうか？

我が家では学習の目安の一つとして、学校の定期試験を活用していました。**なぜなら、テスト範囲が決まっている分、自分の得意・不得意分野がわかりやすいからです。**

内申のこともありますし、また自分の得意・不得意を知ることは、後の大学受験にもつながっていきますから、中学校の中間試験や期末試験も真剣に取り組みましょう。

試験の準備は2週間前が基本です。範囲を確認し、どのような流れで学習を進めていけばいいか考えながら計画を立てていきます。そして、どの科目も手を抜かずに取り組みます。主要5教科（国・英・数・理・社）だけに集中するという話も聞きますが、副教科も含めて、どこでどの知識が役立つかわかりませんから、学んでおいて損はないと思います。

たとえ中1・中2などの早い段階で志望校が決まっていて、受験に必要のない教科がわかっていたとしても、志望校を変更したり、志望校の必須科目が変わったりすることもありますので、受験期までは「教科を捨てない」ことは大切だと思います。

科目数が多く、範囲が広くて大変なこともありますが、どの科目も手を抜かずに、計画性を持って取り組んでみてはいかがでしょうか。

佐藤ママ オススメ参考書

よくでる日本史B一問一答　重要用語問題集（日本史一問一答編集委員会:編／山川出版社）

この中にある知識はすぐ口をついて出るようにする

Q 053

中3のいつ頃から過去問に取り組んだらよいでしょうか？

4月からだと思います。

中3の4月からおすすめしたいのは、まずはじめに5科目のうち好きな（得意な）科目の一つに絞って、過去問にどんどん挑戦することです。過去問のレベルに早めに慣れておくのです。この際、学校の授業の進度は気にしないで大丈夫です。

高校受験は中3で学ぶことも出題されますから、習っていないところは解くことができません。ですが、好きな（得意な）科目であれば、習っていない内容でも子どもは貪欲に吸収できるはずです。

どんどん過去問を解くことは、当然、先取りをすることになります。英語や国語、理科、社会は先取りしやすいでしょう。数学の先取りは少し難しいかもしれませんが、好きな人はどんどん学んでいったらいいと思います。

都道府県にもよりますが、特に公立高校の問題はやさしめに作られています。数学を除いて、中2の終わりから中3の最初の段階でも挑戦しやすいですから、どんどん取り組んでみてはいかがでしょうか。

中3の11月とか12月になってから過去問を解き始めるのでは遅いです。4月という早い時点で体感しておけば、夏くらいまでに合格ラインに近づいていけるような勉強を進めることができると思います。

佐藤ママ オススメ参考書

一問一答 日本史Bターゲット4000（石川晶康／旺文社）

意外な用語に出会える

うに感じます。どのようにすればよいですか？

Q 064「部活での粘りが勉強に生きる」という考え方を聞いたことがありますが、佐藤さんはどう思いますか？

Q 065 現状の学力と志望大学がかけ離れていると感じています。浪人を考えるか、それとも現役にこだわるか、どちらがよい選択でしょうか？

Q 066「大学受験になってまで親が口を出すのは……」と思っていますが、いつまでたっても本人がのんびりモードです。どうしたらよいでしょうか？

Q 067 どうしても「東大」に行きたいと子どもが言っています。絶対にやっておくべきことは何ですか？

Q 068 どうしても「医学部」に行きたいと子どもが言っています。絶対にやっておくべきことは何ですか？

Q 069 模試がA判定でも落ちる子、E判定でも受かる子の特徴はありますか？

Q 070 受験直前期にはどのようなことを心がければよいでしょうか？

Q 071 遠方の場合、受験会場に親がついていったほうがよいですか？

Q 072 受験当日に親がやっておくべきことはありますか？

Q 073 受験当日に親がやってはいけないことはありますか？

Q 074 うちの子は忘れっぽいため、受験当日の忘れ物などが不安です。何か対策はありますか？

第 5 章

高校～大学受験編

Q 054 大学受験の準備は、いつからどのように始めたらよいでしょうか？

Q 055 いつ頃に志望大学を決めておくとよいですか？

Q 056 子どもの将来の夢が定まっておらず、志望校選びもブレています。親としてはどうしたらよいですか？

Q 057 子どもと親の希望する大学が合いません。どのように合わせていったらよいですか？

Q 058 進学校に入学してからというもの、成績が下降気味で子どもが自信を失っているようです。どうしたらよいですか？

Q 059 センター試験対策はいつから始めたらよいですか？

Q 060 二次試験対策はいつから始めたらよいですか？

Q 061 ほとんど対策ができずにセンター試験まで残りあと３カ月になってしまいました。まずどこから取り組むのがよいですか？

Q 062 子どもが高３ですが、学校行事にはどの程度参加させたらよいですか？

Q 063 部活に夢中になっていて、勉強がおろそかになっているよ

Q 054

大学受験の準備は、いつからどのように始めたらよいでしょうか?

高1から始めることをおすすめします。というのも、中学校と高校との学習内容の難易度の差が大きいからです。特に、英語は一気に学ぶ内容が増えていきますので注意と努力が必要です。

どのように勉強を行っていけばよいかと言うと、まず、英語と数学は高2までに仕上げておくことをおすすめします。現役で合格するための目安だと思ってください。どちらかが苦手とはならない状態にしておきたいですね。

英語は、基礎を押さえるところからスタートです。高1で高校の文法を終え

郵便はがき

おそれいりますが切手をおはりください。

160-8565

〈受取人〉

東京都新宿区大京町22-1

株式会社 ポプラ社

一般書編集局 行

お名前 (フリガナ)

ご住所 〒 TEL

e-mail

ご記入日 年 月 日

ご愛読ありがとうございます。

読者カード

●ご購入作品名

[　　　　　　　　　　　　　　　　　　　　　　　　　　　　　　]

●この本をどこでお知りになりましたか？

1. 書店（書店名　　　　　　　　　　　　　　）　2. 新聞広告

3. ネット広告　4. その他（　　　　　　　　　　　　　　　　　）

年齢　　歳　　　　　性別　男・女

ご職業　1.学生（大・高・中・小・その他）　2.会社員　3.公務員

4.教員　5.会社経営　6.自営業　7.主婦　8.その他（　　　）

●ご意見、ご感想などありましたら、是非お聞かせください。

……………………………………………………………………

……………………………………………………………………

……………………………………………………………………

……………………………………………………………………

……………………………………………………………………

……………………………………………………………………

……………………………………………………………………

……………………………………………………………………

●ご感想を広告等、書籍のPRに使わせていただいてもよろしいですか？

（実名で可・匿名で可・不可）

●このハガキに記載していただいたあなたの個人情報（住所・氏名・電話番号・メールアドレスなど）宛に、今後ポプラ社がご案内やアンケートのお願いをお送りさせていただいてよろしいでしょうか。なお、ご記入がない場合は「いいえ」と判断させていただきます。

（はい・いいえ）

本ハガキで取得させていただきますお客様の個人情報は、以下のガイドラインに基づいて、厳重に取り扱います。

1. お客様より収集させていただいた個人情報は、よりよい出版物、製品、サービスをつくるために編集の参考にさせていただきます。
2. お客様より収集させていただいた個人情報は、厳重に管理いたします。
3. お客様より収集させていただいた個人情報は、お客様の承諾を得た範囲を超えて使用いたしません。
4. お客様より収集させていただいた個人情報は、お客様の許可なく当社、当社関連会社以外の第三者に開示することはありません。
5. お客様から収集させていただいた情報を統計化した情報（購読者の平均年齢など）を第三者に開示することがあります。
6. はがきは、集計後速やかに断裁し、6か月を超えて保有することはありません。

●ご協力ありがとうございました。

ましょう。初級から中級レベルの文法の問題集を一冊仕上げることを目標にするとやりやすいですね。

単語はまず2000語を目安に早めに覚えてほしいですね。自分の気に入った単語帳などを用いて、どんどん覚えていきましょう。

長文は高1で取り組むのは大変でしょうから、無理して行う必要はありません。最初は文法と単語をきっちり固めておくことが大切です。

ある程度身についてきたら、その文法と単語の知識を使って、実際の問題に挑戦しましょう。自分の実力に合った英検を受けると、学校の定期試験とは異なり、刺激になると思います。

我が家の子どもたちは、英検準一級が東大合格程度の英語力と聞いていたので、全員に受験させて、合格しています。試験の存在が刺激になりました。

一方、数学は学校の授業についていくことを優先させてください。学校の定期試験で点数を取ることを一つの目標にするとよいと思います。時間的にも内容的にも区切りができて、学習を進めやすくなります。

『チャート式』シリーズ（数研出版）は学校のレベルに合わせて配布されてい

佐藤ママ オススメ参考書

日本史史料問題集（野呂肖生・毛利和夫：編／山川出版社）

日本史を学ぶなら史料は絶対無視できない

ることが多いので、その一冊は済ませておきたいです。数学が苦手であれば例題だけでも構いませんから、最後までやり終えてほしいと思います。

なお、高校数学では無理をして先取りをする必要はないと思っています。授業にきっちりついていきましょう。

そして、理科と社会についてですが、理系であれば、理科は高2の時点から始めて、苦手なところは少しずつ減らしていきたいですね。社会に比べて、理科のほうが早く仕上がります。

文系であれば、社会に力を入れていきましょう。ただ、社会はすぐに忘れていきますし、時間がかかりますから、新書などの読み物を活用するといいですね。時間がかかる分、高1の時点から少しずつ始めるのがいいでしょうね。

実は文系でも数学がある大学は、数学が得意な子が非常に有利です。

最後に、全科目に共通しますが、必要な受験科目の過去問には目を通しておくことをおすすめします。高3の秋に初めて過去問のレベルを知る状況では遅いからです。

●大学受験の準備について

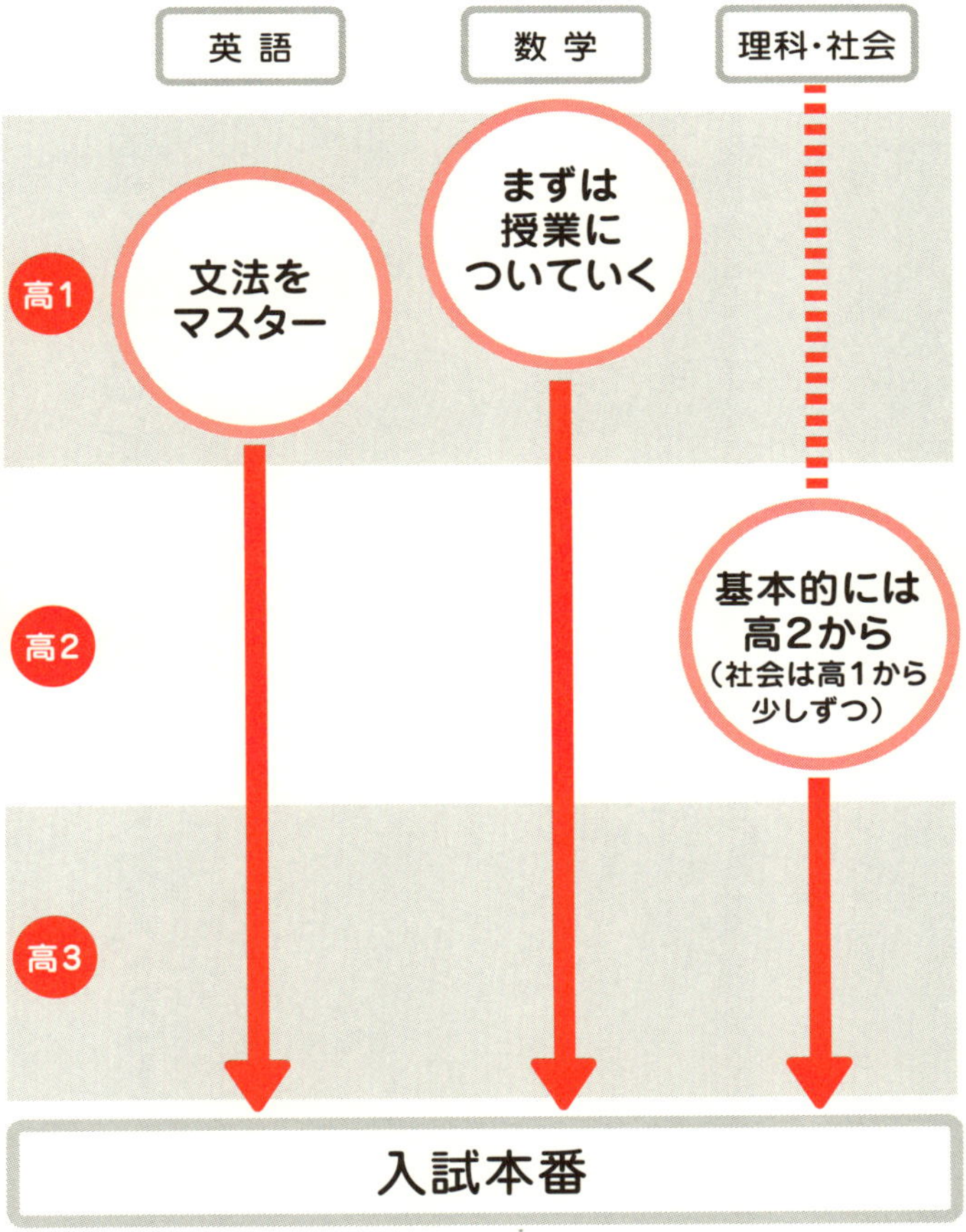

Q 055

いつ頃に志望大学を決めておくとよいですか？

大学受験の準備をする上では、高校に入学したときから目標を見据えておくと、学習内容も定まりやすくなります。まずは早めに行きたい大学を親子で共有しましょう（ただし最終的に決めるのは後でもよいと思います）。

このとき、現在の成績は関係なく子どもの今の希望を聞くことが大切です。

また、最初に志望大学の話になった時点で、家庭の経済的な話はしておいたほうがよいでしょう。例えば、「（地方在住のご家庭で）東京の大学へ行っていいか」「私立大学に行きたい」「一人暮らしはしていいか」など、いろいろとお子さんからも希望が出てくるはずです。

そういった状況を、現時点で叶えることができるのかを正直に話し合いましょう。長年一緒にいる親子だからといって、何も言わず、お互い腹の探り合いはやめておいたほうがいいと思います。

もし地方から東京に出ることが難しいのであれば、地方の大学の中から選ぶ必要が出てきますし、さらに、私立に行くことが難しいのであれば、国公立の大学の中から選ぶ必要が出てきます。そうするとかなり選択肢が狭くなりますが、それが後からわかると、子どもと対立する可能性が高くなります。

後になればなるほど調整が難しくなりますから、早め早めが大事です。選択肢が狭まれば、子どもの学習に対するスタンスも変わるでしょう。

今は奨学金などもありますから、どこからどこまでが実現できるのかという経済的な話は早めにしておきましょう。「奨学金でここまでは出るよ」「ここの部分はアルバイトをしてほしい」など、話がどんどんと具体的になるはずです。

そして、経済的に難しい部分については子どもたちに現状の環境を受け入れてもらいましょう。このあたりの話も早めに具体的にしておきましょう。

佐藤ママ オススメ参考書

決定版　日本史新聞（日本史新聞編纂委員会／日本文芸社）

これは思わず読みふけってしまうので要注意

Q 056

子どもの将来の夢が定まっておらず、志望校選びもブレています。親としてはどうしたらよいですか？

将来の夢はそんなに早く決まるものではありません。放っておくのが一番ではないでしょうか。早い時点から将来の夢に対して、親がとやかく言うことはないと思っています。

うちの子ども達も明確な将来の夢があったわけではありませんし、私がそれをうながしてもいません。

志望校も同じです。すぐに決められるものではありませんから、急いで決めさせることはないと思います。それでも、文系・理系は高1の夏休みくらいいまでには、考えておいた方がいいと思います。

ただ、「勉強したくない」と逃げていては、志望校はどんどん遠ざかっていきます。勉強だけはしっかりと続けてもらうことが大切です。いざというときに、選択肢が狭まってしまっては残念ですからね。

もし子どもに夢がいくつかあった場合、「どんな夢なの」と聞いておくといいでしょう。そして、その夢を叶えるために行ったほうがいい大学を親がリサーチしておくといいですね。そうすると、進路面でのアドバイスができます。

例えば、理系の職業であれば「●●になるためには、▲▲学部（学科）に進んだほうがよくて、そのためには物理と化学が大事だよ」などと言えるはずです。

大学受験で成功するためには、具体的に考えることが大切になります。調べずになんとなくのイメージで将来の話をするのではなく、できる限り具体化していきましょう。

佐藤ママ オススメ参考書

るるぶ情報版（JTBパブリッシング）
小学生が地理を学ぶのに不可欠

Q 057

子どもと親の希望する大学が合いません。どのように合わせていったらよいですか？

希望する大学が合わない場合は、二つの理由があると思います。一つは、そもそも「大学選びの基準が合っていない場合」、もう一つは「(大学選びの基準は合っているけど)具体的に選ぶ大学が合わない場合」があります。

まず、親と子どもの大学選びの基準がかみ合わない場合には、**基本的には、子どもの希望を優先させるほうがいいでしょう。**

ただ、すべて子どもの希望通りにするのではなく、親の希望も伝えておいたほうがいいと思います。志望校を選ぶ直前になって「親としてはここに入ってほしい」などと言うと、親子の衝突の原因となりますから、親の希望を言うのであれば、できる限り早いタイミングで伝えることをおすすめします。

そうすれば、もし基準が合わなくても相談する時間が生まれます。

具体的な希望大学が合わない場合、その原因が経済的な問題であれば、親子で相談するしかありません。どこまでを親が負担できるのかについて、具体的な話を数字を出して理解してもらいましょう。

もし、「理系にするのか、文系にするのか」という話であれば、子どもの希望を優先させたほうがいいと思います。子どもの勉強の得意・不得意も関わりますから、早めに話しておきたいところです。

また、大学のレベルについては、高3のときの偏差値が一つの基準になるでしょう。それを基に、親が高いレベルの大学をすすめたい場合や子どもが低いレベルの大学に行きたい場合など、いろいろなケースが考えられます。

どちらにせよ、親子で大学をリサーチして今後の可能性を一緒に考えたらいいのではないでしょうか。

親と子で、考え方にはギャップがあるものです。成績や大学の情報を見ながら

佐藤ママ オススメ参考書

少年少女 日本の歴史（小学館）

教科書ではなくまずこれを読む! 歴史の流れがつかめます

ら話し合ってみてください。

そして、最終的には子ども本人が通いたいところに行かせるのがいいと思います。無理やり「ここに行きなさい」と制限はしないほうがいいです。結局、大学に通うのは子どもですから。

子どもには納得して受験してもらいましょう。本命の大学の受験に失敗したときのリスクも伝えて、親と子の意見を摺り合わせられるといいですね。

Q 058

進学校に入学してからというもの、成績が下降気味で子どもが自信を失っているようです。どうしたらよいですか？

学校の授業についていけないなどの理由で成績が落ちていく子は、どこの学校でも聞いたことがあるケースです。こういった場合は、塾を利用して、親が子どもをサポートすることがほとんどです。

周りにできる子がいる分、成績が下降してしまうのは当然のことです。そこで、少し考え方を変えてみましょう。進学校であろうがなかろうが、基本的には高校を卒業するまでに覚えるべきことは同じです。ですから、「進学校だから」ではなく、大学受験を目標に淡々と学習を進めていったらどうでしょうか。

自分が自信を失う大きな原因に「友だちと比べる」ことがあります。気持ちはわかりますが、比べても自分の成績や実力は上がりません。しかるべき手当てをして、実力をつけることに意識を向けましょう。

ちなみに、我が家では校内順位は気にしませんでした。ただし、私は子どもたちに「三桁にはならないようにね」とは話をしていました。というのも、100位を切ると灘では「現役での東大合格が難しくなる」と聞いていたためです（灘では、一人ひとりの順位は出ず、順位の分布だけが出ていました）。あくまでも自分の立ち位置の目安としてとらえていました。とはいえ、100番台でも東大に合格する子もかなりいます。

親としては校内順位を気にせず、子どもにとって何が必要なのかを見極める役に徹しましょう。

もし成績が悪いことで、子どもが「学校に行くのがつらい」と学校をやめたいと言った場合は、仮に中退すると高卒資格がもらえない分、苦労するとは伝えましょう。あわせて、大検で大学へ入学できる手段と、一方で高校で頑張れば大学受験には十分合格できるという現状も伝えておきましょう。最悪、転校という方法もありますが、あえて苦労するかどうかを子どもと相談したほうがいいですね。

佐藤ママ オススメ参考書

学習漫画 世界の歴史（集英社）
実は高校生にぴったり。大学受験に有効です

Q 059 センター試験対策はいつから始めたらよいですか？

高3の秋（9月）から始めるといいと思います。取り組む内容としては、やはり過去問です。このときは、時間は計らずに少しずつじっくりやることをおすすめします。そうすることで、自分の苦手な部分や覚えていない部分を見つけ出すことができるからです。弱点を補強していくイメージです。

センター試験は、マーク式でどの科目も採点しやすく、対策に取り組みやすいのです。ただ、一つ注意点があります。**それは、わからなくて適当にマークした問題は、仮に正解でも「×」にすることです。**練習の時点で適当にマークして正解していた問題が、本番で出たときに間違えてしまう可能性があります。「わからないところはわからない」として、正しい点数を出すようにしていきましょう。

正しい点数を出すと、子どもは点数が悪いことを恐れます。そして、「今はまだ過去問に取り組むべきではない」と言い始めます。しかし、それでも悪い点数は気にせずに取り組んでみることが大切です。気楽に挑戦してみるように、親からも働きかけましょう。

学校で春からセンター試験対策をしている場合があると思います。せっかくの機会ですから、熱心に活用しましょう。ただ、クラス全体のペースに合わせている場合がありますから、「自分にとってもの足りないな」と思ったら、演習の量を増やすなど、見極めて活用していったらいいと思います。

ちなみに、センター試験対策はセンター試験にしか役に立たない印象を受けるでしょうが、センター試験の過去問を解くことで二次試験対策にも役立ちます。センター試験は二次試験より難易度がぐっと落ちるなどと思っては間違いで、実はそんなにやさしくはありません。

佐藤ママ オススメ本

吾輩は猫である（上）（下）（夏目漱石／集英社文庫）
明治時代の人間の生き方の根本が理解でき、その他の文豪の作品が理解しやすい

センター試験で得点を多く取ることで、二次試験が有利になる大学は多いですから、抜かりなく取り組みましょう。

センター試験も、今後大きく内容が変わりそうなので、その情報はきちんと集めてください。しかし、どんな試験でも必要な実力は変わりません。きちんと得意・不得意を押さえて、実力をつけておけば大丈夫です。

Q 060 二次試験対策はいつから始めたらよいですか？

我が家では、高3の4月から11月までが二次試験対策で、12月からセンター試験対策、センター試験本番が終わったらすぐ最後の二次試験対策をはじめました。

センター試験対策と二次試験対策のタイミングはそれぞれとしても、二次試験の対策は高3の最初から始めるといいと思います。センター試験と並行で対策をしていくイメージです。

1学期までは学校の授業の後、余った時間を二次試験の対策にあてるといいでしょう。

加えて、学校で学んだ内容を、センター試験の過去問などで確認してみるのはいい方法だと思います。センター試験をきっちりとできるようにしておけば、二次試験でもいい得点は狙えます。センター試験対策と二次試験対策を切り離して考えないようにしましょう。

なお、二次試験の対策ばかりで疲れてしまったときにおすすめなのが、センター試験の現代文です。問題を解くのではなく、読み物としてリラックス用に使うイメージです。

国語は対策を後まで残すと不安材料になりますから、早いうちから慣れておくという意味でも、合間の時間を使って読んで問題も解いておくようにお子さんにすすめてはどうでしょうか。

Q 061

ほとんど対策ができずにセンター試験まで残りあと3カ月になってしまいました。まずどこから取り組むのがよいですか？

最初の1週間は得意な科目から取り組むことをおすすめします。不得意な科目はなかなかやる気が出ないからです。センター試験の対策をするという受験態勢を作り、勉強のリズムを整えるためにも得意なものから始めましょう。

残りあと3カ月ということは、それまでに模試を何度か受けているはずです。

もし受けているのであれば、苦手なところがある程度わかっていますから、苦手な単元を一つに絞ってつぶしていくという地道な方法で攻めていきましょう。

とはいえ、あまりにも苦手な科目が何科目もある場合には、得意な教科と並行して始めたほうがいいとは思います。ただし、苦手な科目が社会（日本史・世界史・地理など）の場合はもう少し後に回しても構いません。というのも、暗記しても次々と忘れていってしまうためです。

毎日、少しずつ学習を進められる環境作りをし、後になってあせらないようにするのが大切です。

Q 062

子どもが高3ですが、学校行事にはどの程度参加させたらよいですか？

我が家では、文化祭や体育祭などの学校行事は積極的に参加させるようにしていました。行事の準備などに熱中しているときには「ダメ、勉強しなさい」という言葉をかけないほうがいいと思います。それは、むしろ逆効果だと思います。友だちの家に泊まるときもありましたが、それも許していました。

子どもが何かをやろうと思ったら、納得いくまで本気でやらせてあげることが大事だと思います。仮に親が強制的に途中で帰らせても、子どもは学校行事が気になって、結局は勉強に身が入らないでしょう。

Q 063

部活に夢中になっていて、勉強がおろそかになっているように感じます。どのようにすればよいですか？

多くの部活は高2か高3の夏に終わります。であれば、思い切って最後まで部活に打ち込むようにしてはどうでしょうか。不完全燃焼な状態では、子どもにとってストレスです。やりきったと思えるまで夢中にさせておきましょう。

実際、受験勉強のために途中で部活を辞めた子どもの話を聞きますが、辞めたことでその分勉強に打ち込むというのは理想論で、なかなか思いどおりにはならないようです。

我が家の場合、長男が中学校のときからずっとサッカー部で、引退の高3の夏まで全力で練習していました。

逆に、次男は中学校では野球部でしたが、「硬式はやらない」と言って中学校3年生までで辞め、高校では文化祭などの学校活動を熱心にやっていました。本人も「俺みたいに両立できない人は部活はやめるべきだ」と言っていました。

また、三男は中学校から卓球部でしたが、ゆるく所属していて高2で引退して勉強には何の支障もありませんでした。

また、部活が終わった後のスケジュールを子どもと話しておくことをおすすめします。「部活が終わったら、本格的な受験の準備をしようね」と話す場を作りましょう。

佐藤ママ オススメ本

東大理Ⅲシリーズ（「東大理Ⅲ」編集委員会／データハウス）
合格本として有効

Q 064

「部活での粘りが勉強に生きる」という考え方を聞いたことがありますが、佐藤さんはどう思いますか？

私は、部活と勉強は別物だと考えています。部活を頑張ったことが、勉強を頑張るのと結びつくとは一概には言えないと思います。

ただし、部活を最後までやりきって「終わったぞ」というけじめがつくことで、勉強も最後までやりきろうと考えることはありうると思います。

だから、「部活をやりきらせる（と同時にその後の計画も立てておく）」ことが重要です。部活をしながら、勉強を抜かりなくしておかなければ受験を勝ち抜くことはできません。

Q 065

現状の学力と志望大学がかけ離れていると感じています。浪人を考えるか、それとも現役にこだわるか、どちらがよい選択でしょうか？

高3の秋になったら、現実と向き合って、志望校を決めましょう。「かけ離れている」度合いにもよりますが、**現役合格したいと考えるのであれば、その時点で志望大学を考え直したほうがいいと思います。**

また、浪人をしたことで成績が劇的に伸びたという話はあまり聞いたことがありません。現状維持がせいぜいと考えるくらいがちょうどいいでしょう。

仮に浪人を選択するにしても「浪人したからには●●大学を目指す」という、高すぎる目標設定は避けたほうがよいと思います。

Q 066

「大学受験になってまで親が口を出すのは……」と思っていますが、いつまでたっても本人がのんびりモードです。どうしたらよいでしょうか？

受験に関しては、「本人の意思を尊重して……」と遠慮をするかもしれません。実際私も「子どもの意思を尊重して～」と本書の中でもたくさん書いてきましたが、それは「具体的な進路」の話であって、子どもが何も動き出す気配がないのであれば、そのままでは何も変わらないので親が動くべきです。

高3ともなれば、親が口を出したほうがいいと思います。親には大学受験、そして大学卒業まで育てる責任がありますから、受験時には口を出すのは義務であると考えています。進路について考えることをどんどんうながしていったほうがいいです。

注意したいのが、「親が口を出す＝親の希望する進路に進ませる」という意味ではないことです。　あくまでも子どもの可能性を広げるために、「今のんびりしていると子どもの選択肢が狭まる恐れがあるので、そうならないように早めに進路のことを親子で話すべき」と考えるからこそ口を出すのです。

進路だけを見ても、国立なのか私立なのか。実家から通うのか一人暮らしをするのか。大学に行く上ではさまざまな選択をするわけですから、子どもと話し合いながら、一緒に考えていってはどうでしょうか。

子どもが大学に入った後、独り立ちをしていく上で、可能性を広げるためだと考えると声かけもしやすくなります。

学歴というと不純なイメージを持つ方もいますが、「将来の選択肢を増やす」にあたって役立つ力になります。学歴は今持っている学力とそこにたどり着くためにした努力を示してくれます。

社会に貢献する力をつけるべく、大学受験に対して、親子で一緒に向き合ってほしいと思います。

佐藤ママ オススメ本

日本一短い「母」への手紙（福井県丸岡町：編／角川文庫）
感動的な言葉がいっぱい

Q 067

どうしても「東大」に行きたいと子どもが言っています。絶対にやっておくべきことは何ですか？

うちの子どもたちに、「東大にこだわるの？　医学部にこだわるの？」と聞いたことがあるのですが、そのとき長男と三男は、「僕は東大の医学部にこだわる。それ以外は行かない」と言っていて、次男は「俺は東大生になりたい」と言って、後期は文一を志望していました。

このように、同じ兄弟でも、志望の考え方は違います。**まずは、お子さんの通う高校を物差しにして、実力を確認してみましょう。**

具体的には、高校の進学実績に、東大合格者が毎年どのくらいいるかを確認してください。それで、お子さんが定期試験などで、その順位の中に入っているのかを基準にするのがいいと思います。

東大合格の可能性がなんとなく把握できれば、どれだけ頑張る必要があるかがわかります。

極端に不得意科目があると通らないと言われているのが東大です。

とはいえ、「すべてを細かいところまで完璧に」というよりも、教科書程度の内容について、「どの科目もわからないところをなくす」という方針がいいでしょう。

もし高校の進学実績に東大合格者がいなかったら、自分で全国レベルの模試を受けて、自分の立ち位置を知ることが必要です。

それに、他の人よりも情報が少ないわけですから、東大受験に関する情報を早めに集めることが大切です。そして、多めに模試を受けてほしいと思います。また、信頼できる塾に通うのも一つの方法です。

佐藤ママ オススメ本

夢十夜・草枕（夏目漱石／集英社文庫）

夏目漱石の教養と考え方の新しさに感動

Q 068

どうしても「医学部」に行きたいと子どもが言っています。絶対にやっておくべきことは何ですか？

医学部受験では、数学が鍵になると思います。数学な苦手のままでは、国立でも私立でも医学部合格は難しいものです。

国公立大学の医学部を目標にしたとき、センター試験がとにかく大事になります。９割以上の点数を取ることを目指しましょう。センター試験ができていれば、圧倒的に有利になり、二次試験の点数がさほど高くなくとも合格する可能性が高まります。

また、医学部自体は募集人数が少なく、偏差値も高いので、わずかなミスが命取りになります。だからミスをできるだけしないことが合格のコツです。

わずかなミスをしないというのは、普段から問題に丁寧に取り組むかどうかにかかっています。だからわかった気にならない、わかったようなふりをしない、自分をごまかさないことが重要です。

例えば数学の場合、「2x＋3」と書いたのに「2x＋4」が正解だったとします。ここで、「計算ミスかな？」で終わらせないことです。一回全部丁寧に見直してください。そうすると、たまたま頭の部分が「2x」となっただけで、計算ミスではなく考え方全体が間違っているかもしれないということがわかります。

見直すのが一番面倒くさいのですが、それをやることで医学部合格の可能性が高まります。

佐藤ママ オススメ本

愛に生きる（鈴木鎮一／講談社現代新書）
私の子育ての柱の一つ

Q 069

模試がA判定でも落ちる子、E判定でも受かる子の特徴はありますか？

模試の結果はあくまで模試の結果です。本番の結果とのズレは大いにありえます。

模試がA判定でも落ちる子に共通するのは、模試の結果に油断して、最後に気を抜く子です。気を抜けば、当然のことながら、勉強する時間が減ったり、勉強の質が落ちたりします。そして本番で落ちてしまいます。

一方、模試がE判定でも受かる子に共通するのは、最後の最後まであきらめずに頑張ることです。具体的には、「A判定でも落ちる子はいる」「E判定でも受かる子はいる」と信じて、ひたすら勉強を続けていくような子です。

実際、東大の場合、最後に判定が出る模試が開催されるのは11月です。ということは、本番から2カ月半前の実力が評価されているということです。

その判定が出てから、どれだけ危機感を持ちながら、頑張ることができるかがポイントです。模試から当日まで、実力が維持されると思わないことです。勉強時間が減れば、頭の回転が遅くなるのは自明です。

我が家でも次男もそれまでA～B判定だったのが、直前の模試でC判定をとりました。しかし、そこから集中して努力し、合格できました。

受験日、そして結果発表の日まで成果はわかりませんから、ひたすら信じて突き進むことが大切です。

佐藤ママ オススメ本

夏の庭（湯本香樹実／新潮文庫）
浜学園の教材に出てきて、結末を知りたくて購入。電車の中で読んで号泣

Q 070

受験直前期にはどのようなことを心がければよいでしょうか？

子どもたちに言い聞かせている勉強との向き合い方があります。

まず、12月31日までが大学受験の準備だと考えてもらいます。除夜の鐘が鳴るときには、すべてが済んだと言えるように予定を立てています。つまり、1月は「+α」として位置づけているということです。期日を決めて、逆算した学習をしていくことが受験では必須です。

秋くらいに、子どもと一緒に「12月31日までにやっておくべきこと」をリストアップするようにしていました。期日までに「やれなかったことはない」という状態を目指して勉強を進めていくわけです。

また、試験日の前々日までは「為せば成る」と伝えることにしています。そこまでは死ぬ気で勉強に取り組むわけです。

ただ、試験日の前日は「なるようになる」と伝えています。ここであがいても大きく点数は変わりませんので、多少リラックスしてもらいます。前々日を境にして、気持ちの切り替えを行います。

我が家の場合、前々日は「東大を見に行く日」としていました。受験地に当日初めて行って「ここか」と感じるよりも、自分が会場で試験を受けるところをイメージしてもらう狙いです。

一方、生活面で気をつけているのは体調管理です。

受験に対する緊張感などで、直前は「眠れない」ということがあります。例えば、前々日は21時にお風呂、22時に寝る、というようなリズムを作っていきましょう。

受験期は冬で寒いですから、体調管理を大切にすることですね。お風呂に入って早めに寝ることが何よりです。

佐藤ママ オススメ本

讃岐典侍日記（森本元子／講談社学術文庫）
当時の貴族のことがよくわかる。とても面白い

よく、「1週間前くらいから起きる時間を受験日と同じにする」という話を聞きます。しかし、我が家はあくまで前々日からでした。というのも、そんなに前からやっていたら、子どもたちが疲れてしまうからです。

もちろん、夜更かしはしません。我が家の子どもたちは23～24時には寝ていましたね。彼らも自分たちで体調管理の大切さはわかっていますから。

●受験直前期の考え方

佐藤家の大学入試スケジュールの考え方

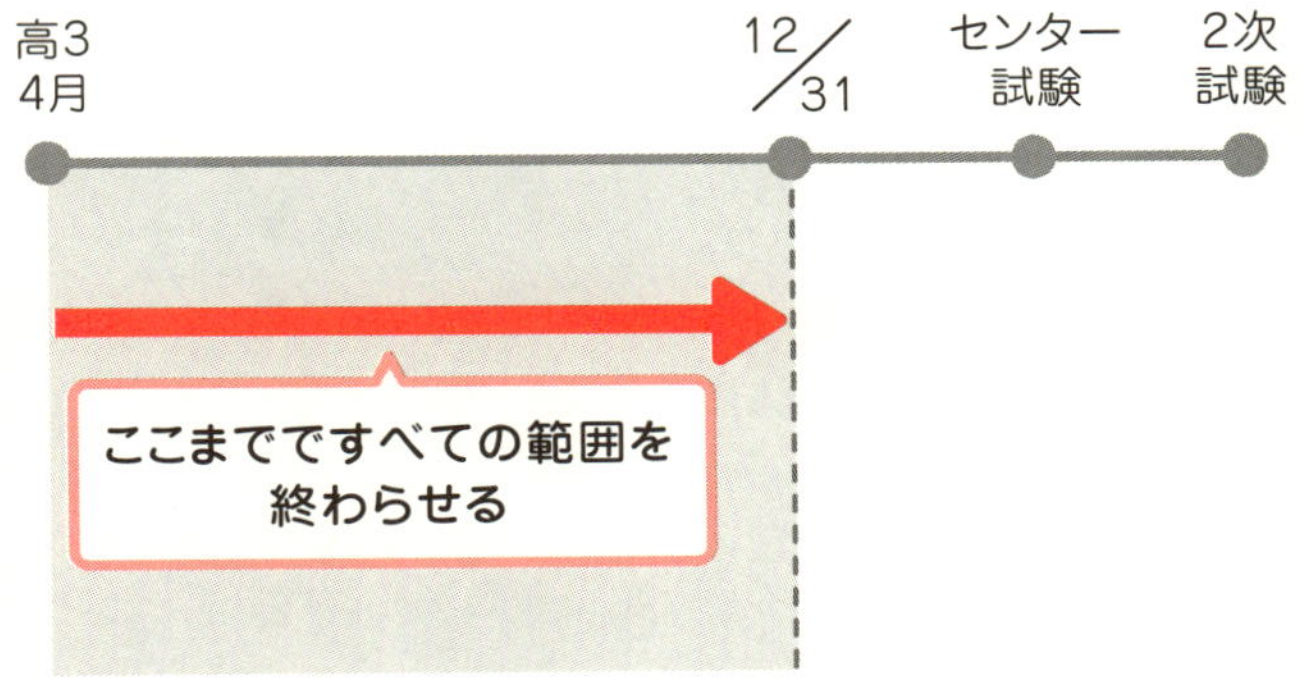

試験日の前々日までは「為せば成る」

▼

死ぬ気で勉強する

試験日の前日は「なるようになる」

▼

気持ちを切り替え、多少リラックスしてもらう

Q 071

遠方の場合、受験会場に親がついていったほうがよいですか？

親がついていったほうがいいと思います。むしろ近距離でも親はついていくべきです。すべては当日のリスクを回避し、危機管理をするためです。念には念を入れるくらいでちょうどいいと考えています。

我が家の子どもたちは、「試験当日の朝に起きられるかが不安」と口を揃えて言っていました。受験当日の朝に親が起こしてくれると思えば、安心して眠れるはずです。

また、我が家は試験会場近くに前々泊するのを決まりにしています。しかも、当日はどんな天気になるかわからず、交通機関が止まる可能性がありますので、試験会場へ歩いても行けるような場所に泊まるようにしています。また、ホテルに泊まるのが苦手な子どももいます。そういう場合は、前々泊して慣れさせるくらいの準備をしましょう。

条件の合う宿泊場所は争奪戦になる可能性がありますので、私は1年前の試験日の2日後には予約をします。ホテルの予約の時期が遅くなり近くのホテルが取れなかったという話を聞いたことがありますので、宿だけでも早めにおさえておくことをおすすめします。

「1年前だと受験校が決まっていないから予約できない」という意見もありますが、受験する可能性のある大学近郊のホテルをすべて予約して、受けないことが決まった段階でキャンセルすれば、直前でない限りお金はかかりません。

一人で受験することが社会勉強という考えもあるかと思いますが、社会勉強は大学受験の後でいくらでもできます。

今まで受験に向けて頑張ってきた成果を存分に発揮できるようにするのが親の役目なのではないでしょうか。

佐藤ママ オススメ本

父の詫び状（向田邦子／文春文庫）

向田さんの本はすべて読んだが、その中で一番気に入っている

Q 072

受験当日に親がやっておくべきことはありますか？

まず、親が事故にあったり怪我をしたりすることを極力避けるようにすることです。サポートの親が具合が悪くなったりすると、役目を果たせなくなりますから。

些細なことのように思えるかもしれませんが、とことん危険は排除しましょう。子どものことだけではなく、親自身の危険も、です。

当日の行動ですが、子どもに付き添うのが前提です。もっとも重要なのは子どもを朝きちんと起こすことです。

そして、試験会場まで子どもたちを見送ります。受験場の大学に到着次第、その日の仕事は終わりですから、すぐホテルの部屋に帰り、部屋からは出ません。

散歩などして近隣を歩いているときに、転んで怪我をしたり、階段から落ちて骨折したりなんてことは十分ありえますから、部屋でじっとしてのんびりするようにしています。

もちろん、前日にお酒を飲むなどしてのんびりしすぎて、翌朝に子どもを起こせないなんてことのないように細心の注意を払いましょう。

子どもは自分の人生を賭けて勝負にいくわけです。それと同じくらいの気持ちを親も持ってはどうでしょうか。先々の危険性を考えて考えすぎるということはありません。

佐藤ママ オススメ本

変身（フランツ・カフカ:著　高橋義孝:訳／新潮文庫）
人間の本質をついているので、何度読んでも納得

Q 073

受験当日に親がやってはいけないことはありますか？

子どもを動揺させないことです。母親の動揺は、間違いなく子どもにもうつります。その意識の変化を見せないように徹します。怪我や泥酔は論外にしても、意外と子どもや親が動揺する要素があります。

例えば、ゲン担ぎです。何かのお守りを持っていくつもりでも、忙しさで忘れることはあります。そこで親は慌てないようにしましょう。仮に子どものためのゲン担ぎであったとしても、それを子どもに教える必要はありません。たとえ、それを忘れてしまったとしても、子どもには伝えなくていいのです。

また、「スベる」「落ちる」などを言うのはタブーとされますが、これを甘く見てはいけません。親が気にしなくとも、子どもが気にしてしまう危険性があるからです。当日に限った話ではありませんが、子どもにかける言葉には注意したほうがいいと思います。

子どもは親の感情に敏感です。もし子どもが心配しているならば、「大丈夫、落ちても命を取られるわけじゃないから、思いっきり行ってきなさい」と堂々と送り出してあげることが大事です。

他には、前日も含めた食事です。慣れないものを食べてお腹を壊しては、積み重ねてきた努力が水の泡になりかねません。日頃食べているものを食べさせたほうがいいと思います。

ちなみに、我が家では直前の焼き肉やお寿司は避けています。食中毒などでお腹を壊さないためです。これもよく「やりすぎ」と言われますが、前日にお寿司を食べて具合が悪くなるなど、食事絡みの話はよく聞きます。

無事に送り届けて、学校の門をくぐったら、子どもは自分との勝負が始まります。それまでに親にできることを徹底してあげましょう。

佐藤ママ オススメ本

車輪の下（ヘルマン・ヘッセ:著　高橋健二:訳／新潮文庫）
受験勉強の本質をついている

Q 074

うちの子は忘れっぽいため、受験当日の忘れ物などが不安です。何か対策はありますか？

受験当日の持ち物の準備などは親がすべてしたらいいことです。

我が家では、受験ノートというものを一人に1冊私が作成しています。

このノートには、当日のスケジュールや持ち物をまとめており、学校のパンフレットを貼ったり、ホテルの領収書を貼ったりしています。

ノートの作成は、ホテルの予約を入れたときから開始します。私は先に紹介したように1年前の試験日の2日後に予約をするため、「○月○日に△△ホテルに予約をしました。担当者××さん」と書くところから始まります。

その後、3カ月ごとにホテルにチェックの連絡を入れています。というのも、何かの不手際で、予約がキャンセルされていたら大変だからです。**このノートのメリットとしては、受験直前のバタバタした時期に、準備するものを考えることのないようになっていることです。**

直前期は何かと慌ただしく気持ちが落ち着かない分、忘れっぽくなってしまいます。漏れていることがあるかもしれません。余裕のあるときに書き留めておくことが大切です。

例えば、当日の持ち物は試験日の半年前くらいから考え出して、思いつくたびに追記します。

時間的に余裕があれば、落ち着いて試験日のことをイメージできます。完璧にするには一度では難しいですから、何度も思い出したり考え直したりして、用意をしていきましょう。

佐藤ママ オススメ本

沈黙の春（レイチェル・カーソン：著　青樹簗一：訳／新潮文庫）
受験でよく出る環境問題を理解するのに役立つ

Q 081 うちの子どもと友だちを比較して、うちの子の成績が悪いのがどうしても気になります。

Q 082 子どもが付き合う友だちは選ぶべきでしょうか？

Q 083 休みの日にも勉強をさせるべきでしょうか？

Q 084 息抜きはどのようにさせればよいでしょうか？

Q 085 受験に関する情報にうといのですが、いつ頃からどのような準備をしていけばよいでしょうか。

Q 086 周りのママ友などの目が気になります。どうすればよいでしょうか？

Q 087 お父さんが「勉強ばかりしていないで外に出よう」などと、子どもの勉強の邪魔をします。どうしたらよいでしょうか？

Q 088 お父さんが「教育パパ」で困っています。どうしたらよいでしょうか？

Q 089「うちの子は本番に弱い」など、受験に対して不安があります。

第6章

親の心構え編

Q 075 男の子と女の子の育て方の違いは？

Q 076 うちの子は早生まれなので、勉強についていけるかが心配です。

Q 077 子どもに彼氏・彼女がいるようなのですが、受験にあたり恋愛はどう考えたらよいでしょうか？

Q 078 我が家はシングルマザー（or シングルファザー）なので、子どもの勉強はほとんど見られません。どのように関わっていけばよいですか？

Q 079 兄弟（姉妹）で「勉強の出来（成績）」に差があります。どのように接したらよいでしょうか？

Q 080 公文など、兄弟で同じことをさせたときに、弟の方が先に進んでしまってもよいのでしょうか？

Q 075

男の子と女の子の育て方の違いは？

男の子と女の子とでは勉強のペースや考え方が違うように感じます。また、息抜きのしどころも性別で違うのかな、と思います。

まず、男の子は短期集中型のイメージです。逆に、早めに準備を始めると長くは続かないことが多いようです。

スポーツやゲーム、テレビなどで日々のストレスを発散させてあげるといいのではないでしょうか（ちなみに、よく勘違いされるのですが、我が家では、中学生以降は「ゲーム・テレビ禁止」というルールはありません）。家でじっとさせていると、男の子にとってはよくないという印象を持っています。

一方、女の子は長期型だと思っています。ですから、受験の準備などの勉強は早めに始めることが大切です。

早めに動き出して、じわじわと前に進む感じですね。最後のほうをギュウギュウにして、焦らないようにしておきましょう。

また、女の子の場合、身だしなみや遊びの時間を大切にさせてあげるといいと思います。例えば、お風呂の時間が長いと思ったとしても、そこで「お風呂は早めに出て勉強しなさい」と言う必要はないでしょう。その言葉がストレスになってしまいます。

早めの準備に加えて、精神的に安定させることを常に意識しておくといいと思います。そして、合間の癒しの時間を大切にしてあげてください。

男の子と女の子で違いはありますが、親子の関係が悪くならないことを念頭に置きながら、子どもたちがストレスを溜めないような環境作りができるとよいと思います。

佐藤ママ オススメ本

マンガ 三国志／項羽と劉邦／水滸伝（横山光輝／潮出版社）

漢文に必ず出てくる話が多くある

Q
076

うちの子は早生まれなので、勉強についていけるかが心配です。

あまり気にする必要はないと思います。

うちの次男の誕生日は3月30日ですが、灘に入った中1の体育祭のときに、私とある2人のお母さんと3人で立ち話していました。

そのときに、早生まれの話になって、「うちの子はは3月30日なのよ」とか言っていたら、向こうのお母さんが、「うちは3月31日なんだけど」と言いました。「次男より遅く生まれた子がいるんだ」と思ったら、もう1人のお母さんのお子さんが「4月1日生まれ」だったのです。

それくらい、早生まれは当たり前にあることなんですね。

ただし私は、早生まれだからこそ、何でも最低半年は早くはじめたほうがよいと思っています。

「うちは早生まれだから、塾に入れるのを半年遅らせよう」というお母さんは多いです。

目の前にいる子が小さいから、ちょっと遅くしようというのが人情ですが、そうではなく何事も逆に早めることが重要です。

佐藤ママ オススメ本

ダーリンは外国人（小栗左多里／KADOKAWA）
外国語の習得法について考えさせられる

Q 077

子どもに彼氏・彼女がいるようなのですが、受験にあたり恋愛はどう考えたらよいでしょうか？

「恋愛」と一言で言っても、いろいろありますが、目の前に受験があるのだとしたら、恋愛に大きな時間と感情を持っていかれるリスクを考えたほうがよいと思います。

恋愛においても、ゲームにおいても、それに熱中しながら受験に合格できる自信があるのであればそれでいいでしょう。ただ、私は受験はそんなに甘いものではないと思っています。

大学受験で忙しい高校3年生にとって、土日は大変貴重な時間です。勉強時間の稼ぎどきと言ってもいいでしょう。そのようなときに、お付き合いをしている相手とのデートに多くの時間を使ってしまう。

やる気を得たり、リフレッシュになるんだと、子どもは言うかもしれません。しかし、これを受験勉強から逃げる言い訳に使ってしまってはマズイですよね。

受験期の子どもが自分の24時間を何に使うのかを考えさせてあげるといいと思います。

自分の人生を真剣に考える時間と言ってもいいかもしれません。自分が心から行きたい学校があるのであれば、合格後、真剣に恋愛するということでもいいのではないでしょうか。

佐藤ママ オススメ本

毎日かあさんシリーズ（西原理恵子／毎日新聞出版）
私は20年以上西原さんの大ファン。

Q 078

我が家はシングルマザー（orシングルファザー）なので、子どもの勉強はほとんど見られません。どのように関わっていけばよいですか？

まず、親と子どもで話し合うことをおすすめします。

シングルマザー（orファザー）であろうとなかろうと、親子の関係を曖昧にしてしまう家庭が多いと感じています。ですから、お互いの考えが食い違わないように、「親はこう思う」「子どもはこう思う」ということを、早めに明らかにしておいてはいかがでしょうか。

親子だからといって、以心伝心ということはありません。日頃、一緒に住んでいるから話し合いをしなくても大丈夫だろう、ということもありません。話してみないと気づかないことはたくさんあります。きちんと話し合うことで、子どもが何を求めているかがわかるかもしれません。

ある仕事をしているお母さんで、夜は子どもが寝た後しか帰ってこれないので、子どもが寝た後に机の上の子どものノートなどの整理を必ずするという方がいました。

具体的には、子どもの下敷きを次のページのところに挟んでおき、さらに鉛筆を削ってそろえておき、次の日の塾に行く前に食べる用にスイーツを冷蔵庫に入れておくのだそうです。

子どもは「さあ、勉強しよう」とするとき、広げたノートの下敷きの位置や、とがった鉛筆に母の愛を感じるのではないでしょうか。また、スイーツを食べて、元気に塾に行くのでしょう。

くわえて、普段勉強を見てあげられない分、仕事が休みの日などにはしっかりと勉強をみてあげてはいかがでしょうか。普段の小さな関係性ができていれば、週末だけでも子どもと十分な話ができますし、子どもも親の愛情を感じてくれると思います。

佐藤ママ オススメ本

天声人語（深代惇郎／朝日文庫）
新聞でリアルタイムに読んでいて、こんな文章を書きたいと子ども心に思っていた

このような小さなことでもいいのです。子どもに対して、あなたはあなた、私は私とせずに、できるだけ子どもに関わってください。

Q 079

兄弟（姉妹）で「勉強の出来（成績）」に差があります。どのように接したらよいでしょうか？

子どもと接するときに、兄弟姉妹どうしで絶対に比較をしないようにすることが大事です。もし、「お兄ちゃんは勉強ができたのに、なんであなたは勉強ができないの？」など、不用意な言葉を親から言われたら、子どもは深く傷ついてしまいます。

そうならないためにも、子どもと接するときに「差をつけて接しない」という、強い意志を持つようにしましょう。親としての言葉かけや行動について常に具体的に考えることです。

もし兄弟姉妹の間で学力の差があれば、親としてできるお手伝いがあるはずです。勉強の内容によっては、面倒を見られないと思うこともあるかもしれませんが、それ以外にもお手伝いできることはあります。

勉強のお手伝いが一緒にできないときでも、「お母さんが勉強の間はそばについていようか」という言葉かけの回数を増やすことはできます。それだけでも子どもの気持ちは変わります。

また、祖父母などが、子どもたちに差をつけて接した場合、それをやめさせるのも親の役目です。

どの子も同じ自分の子どもだと平等に親が見られるかどうかが大切なのではないでしょうか。

Q 080

公文など、兄弟で同じことをさせたときに、弟の方が先に進んでしまってもよいのでしょうか？

兄は、弟の教材が先に進んでいることを知ると、傷ついてしまいますので、勉強の進度は逆転させない方がよいと思います。例えば公文ですと、先生と相談し、兄は早め、弟は少し丁寧にゆっくり進めさせると追い越さずにすみます。

塾の場合は、兄弟で学年が別なので気にしなくてもよいのですが、順位が出るので、もし兄弟で大きく違うのであれば、塾を変えてもよいと思います。決して成績を比較しないでください。弟の成績が兄より良い場合、兄のほうが荒れることもありますので、注意が必要です。

Q 081

うちの子どもと友だちを比較して、うちの子の成績が悪いのがどうしても気になります。

まず、大前提として「自分の子どもと子どもの友だち」を比較するのは、やめたほうがよいと思います。

もしかすると「あの子より、なんで勉強ができないの！」と子どもに声をかけてしまうかもしれません。しかし、相手の子の学力を下げたり、勉強をさせないようにしたりする方法はありません。ですから、はっきりと「その子はその子だ」と割り切ることが大切です。

私の長男が浜学園に入塾したときに、同じ小学校の子どもたちが入ってきたことがありました。私も最初は「あの子はどんな感じかな?」と気になっていた時期があり、2~3週間は様子を聞いていたと思います。

でも、その子はその子で頑張って力をつけているし、長男自身も頑張っているわけですから、途中で様子を聞くのはやめました。

いくら他の子の学力や成績を気にしても、自分のお子さんの学力や成績の向上には何も関係がないことを心に留めておくことが大切です。

勉強や受験は、結局のところ、人との争いではなく、自分との争いだということではないでしょうか。

佐藤ママ オススメ本

おとうと（幸田文／新潮文庫）
私に弟がいるので、身近な感情がわく

Q 082

子どもが付き合う友だちは選ぶべきでしょうか？

基本的には、選ぶべきではないと思います。

例えば、成績が悪い子や、ゲームに誘う子、学校での態度が悪くて暴れたりする子などは敬遠する方もいますが、私は気にしませんでした。逆に、成績によって付き合う友だちを選ぶのはタブーだと思います。

ただし例外があります。今は犯罪に巻き込まれることがある時代なので、犯罪に関係している子どもは注意しないといけません。そういう場合には理由をつけて誘いを断るように子どもに伝えます。

Q 083

休みの日にも勉強をさせるべきでしょうか？

休みの日であっても、勉強をさせたほうがいいと思います。というのも、勉強を休んでしまうと、始めるのに余計にパワーを使ってしまい、逆に疲れてしまうからです。

風邪を引くなど病気をしたときや、運動会や遠足などがあったときはしなくてもいいと思います。ただ、もし少しでも勉強ができる状態であれば、したほうがいいと思います。**我が家でも、まったく勉強をしない日はないように心がけていましたし、子ども達は何かしらすき間の時間を見つけてやっていました。**

Q 084

息抜きはどのようにさせればよいでしょうか？

学年によって、子どもの勉強に対する姿勢や準備期間も異なりますから、それぞれ考え方が違ってきます。

まず、中学受験期（小学生）の場合です。**6年生くらいまでは適度に息抜きはさせますが、6年生になってからの受験期に息抜きは不要だと思います。**

小学生は息抜きをすると抜き続ける傾向にあります。自分でそのあたりがわからないとも言えるでしょう。受験はつらいものですから、一度息抜きをすると元に戻るのが大変になります。

息抜きをさせないと大変なのではないか、と考えてしまうかもしれませんが、この時期の子どもであれば、逆に息抜きをさせないほうが楽です。1年間くらいであれば、子どもたちは具体的に目標が見えていますので、意外に走り続けられるようです。

一方、大学受験期（高校生）には、息抜きは必要だと思います。発散させてあげてください。男の子であれば、受験に本腰を入れるまではのんびりとさせて、最後に一気に仕上げていくイメージです。

女の子であれば、細く長くのイメージで、勉強もしながら息抜きもしながら、という感じがいいでしょう。

もちろん、息抜きにもけじめは必要です。休むにも限度があると心得ておくといいと思います。

佐藤ママ オススメ本

李陵・山月記（中島敦／新潮文庫）
何度読んでも天才中島敦に感動

Q 085

受験に関する情報にうといのですが、いつ頃からどのような準備をしていけばよいでしょうか。

情報は、他人頼りではなく、自分で集められる範囲で集めるように心がけましょう。今であれば、インターネットである程度調べられますが、わかることには限界があります。自分で足を運んだほうがわかりやすいときがあります。

例えば、学校の雰囲気は現地に行かないとわかりません。気になるところはどんどん説明会に参加して、実際に足を運んでみるといいと思います。

私も学校の説明会に申し込んでは、いろいろと行きました。自分が子どもだった頃とは違いますから、今の時代の情報を手に入れることが大切だと思ったからです。

また、今の小学生がどのような勉強をしているか知りたかったので、長男が生まれたときに小学1年から6年のすべての科目の教科書を取り寄せたことがあります。それらを見ながら、「ここら辺でつまずきそうだな」「これは何も対策をしなかったら危険だな」などと前もって考えました。

こういったことを小学校の入学後にやっていては遅いと思います。私自身が基本、怠け者だからというのもありますが、前もって準備すると心に余裕ができますので、早め早めを強く意識しました。

そして、いろいろなことを試しながら、どういった方法がいいかを模索し続け自分に合う方法を見つけました。

佐藤ママ オススメ本

名探偵コナン（青山剛昌／小学館）
母の私が大ファン。事件を整理して解決する姿勢は何事にも通じる

Q 086

周りのママ友などの目が気になります。どうすればよいでしょうか?

ママ友についてはいろいろとあると思いますが、一番よく聞くのが「自分と他人を比べること」です。

親どうしを比べてしまったり、子どもどうしを比べてしまったりする気持ちはわかります。ただ、本書のキーワードの一つですが、他人と比べても仕方がないと、自分に言いきかせることです。

他人と比べることが好きなママ友(コミュニティ)とは、思い切って付き合わないようにしたほうがいいと思います。

もしそういうママ友から「一緒にランチをしない?」などと声をかけられた場合は、「忙しくてどうしても難しい」などと理由をつけてかわしましょう。

「習い事があって出られない」といった理由でもよいと思います。

ママ友どうしの人間関係が子どもの勉強（成績）に影響を及ぼしてしまっては、元も子もありません。勇気がいると思いますが、お母さんはいい意味で「一匹狼」になってほしいと思います。

とはいえ、仲良しのママ友もできることでしょう。「この日の幼稚園の運動会は早めに行ったほうがいいよ」みたいな有益な情報を得られることもあります。

自分が仲良くできそうな人を、できるだけ選んだらいいと思います。

佐藤ママ オススメ絵本

ごんぎつね（新美南吉:作　黒井健:絵／偕成社）
小さな子どもも感情移入できる

Q 087

お父さんが「勉強ばかりしていないで外に出よう」などと、子どもの勉強の邪魔をします。どうしたらよいでしょうか？

このような言葉がふいに出てしまう環境を変えたほうがよいと思います。ぜひお父さんと話し合いの場を設け、ルールを作りましょう。

外に出るなど、誘惑の言葉をかけられると、どうしても子どもたちはやる気がそがれるものです。ですから、お父さんに対して「そういうことを言うと、子どもたちはやる気をなくしてしまうのでやめてほしい」とはっきりと伝えたほうがいいと思います。

また、さらに一歩進んで、お母さんが勉強を一生懸命お手伝いしている場合には、『お母さん、大変だね』『よく頑張っているね』みたいなことを言ってくれると、私も頑張れるかな」などと伝えてもいいでしょう。

お父さんも、「息抜きをさせたほうが（子どものためにも）いいのでは」という前向きな考えで言っているでしょうから、話し合いの場を作ることによって、夫婦の子育ての方針を見直すキッカケにしてはいかがでしょうか。

ちなみに、我が家のお父さんも受験期の夏でも、「2時間くらいプールに行ってもいいんじゃない？」と言っていたことがありました。

しかし、それは私が賛成ではないのを子どもたちも知っていたし、それぞれの立場をよく理解していたので、結局、お父さんの誘いは却下されましたけど（笑）。

佐藤ママ オススメ絵本

じごくのそうべえ（田島征彦／童心社）
田島征彦さんの絵が圧巻

Q 088

お父さんが「教育パパ」で困っています。どうしたらよいでしょうか？

お父さんがどの程度、子育てや教育に関わっているのかにもよりますが、お母さんとお父さんが腹を割って話し合うことをおすすめします。そうすることで、育児の方向性を見つけて、それぞれの役割を決めることができます。

もちろん、お父さんには悪気があるわけではありませんから、納得がいくまで話をしましょう。お互いに口先だけにはならずに、どちらがどこまでを担当するのか、具体的に摺り合わせておくことが大切です。

子どもの勉強の面倒を見るにあたって、ノート作りや参考書の整理など黒子の役目はかなり大事だと、私は思っています。しかし、そのようなことは手伝わず、自分の理想のやり方や価値観を押し付けてしまうお父さんがいらっしゃるようです。

ただ、お父さんも子どもをよりよく育てようと思っているからこそなので、その気持ちは汲んであげてください。

もし話し合いをしてもうまくいかないということであれば、第三者の意見を取り入れるという手段もあると思います。

例えば、塾の先生に相談してはどうでしょうか。夫婦で塾へ相談に行って、先生の意見を参考にすると、子どもにとっていい学習環境を作れる可能性があります。

もしお父さんの気になる点があれば、事前に先生に話をしておくのもいいでしょう。「私はこうしたいので、先生からこう言ってもらえないでしょうか」などと根回しをすることもよいと思います。

佐藤ママ オススメ絵本

新ちゃんがないた!（佐藤州男:作　長谷川集平:絵／文研出版）
いろいろな立場の子に対する理解が深まる

Q 089

「うちの子は本番に弱い」など、受験に対して不安があります。

まず、親の不安は子どもにもうつるということを知っておきましょう。

「受験で失敗をしても命は取られない」というくらい、お母さんは堂々としておくことが大事だと思います。「第一志望でなくとも、第二志望でもいいじゃない」と言えるほど、どんと構えられているといいですね。

よく「うちの子は本番に弱い」と不安に駆られているお母さんがいらっしゃいますが、こういったことは言わないほうがいいと思います。場合によっては、お子さんもその言葉をいつも言うようになってしまうし、もしかしたらそれを「言い訳」にしてしまうかもしれません。

　私は、このようなときに精神的なものを原因と考えないように心がけました。

「本番に弱い」という言葉を、「精神面が弱い」と解釈すると対処法がわからなくなります。具体的に「勉強量が足りない」「点数が足りない」と対処できるような理由を考えたほうがいいのではないでしょうか。

　そう考えると、「今の実力よりもさらに高みから試験を見ることができる実力をつければ、『本番に弱い』ということはなくなる」と解釈できます。

　試験は孤独なものです。鉛筆と消しゴムを持って勝負する世界です。対策が足りないと、どうしても「本番に弱い」という表面的な言い訳をしてしまいがちです。最後には、その孤独と向き合い、打ち勝って、前に進む力を身につけなくてはいけないことを忘れないでください。

佐藤ママ オススメ絵本

それいけズッコケ三人組（那須正幹:作　前川かずお・高橋信也:絵／ポプラ社）
自分の子ども時代を思い出す

か？

Q 095 子どもが勉強へのモチベーションを保ち続けられていないように思います。モチベーションをキープする秘訣はあるのでしょうか？

Q 096 子どもがなかなか勉強をしません。どのように叱ればよいでしょうか？

Q 097 通学時間が長くて親として不安です。佐藤さんは何か基準などをお持ちでしょうか？

Q 098 子どもが文房具にハマっています。どこまで付き合えばよいでしょうか？

Q 099 参考書や問題集はどういった基準で選べばよいでしょうか？

第 7 章

環境編

Q 090 子どもが「自宅では集中できない」と、自宅で勉強することを嫌がっているのですが、それでよいのでしょうか？

Q 091 自宅の学習環境はどのように作ったらよいでしょうか？

Q 092 子どもがテレビやゲームに興味を持ち始めました。パソコン・スマートフォンなども今後気になってくると思います。禁止すべきでしょうか？

Q 093 学校や塾で出される課題や宿題が多すぎて不安に感じます。どのようにすればよいでしょうか。

Q 094 子どもに「勉強をする習慣」「宿題をやりきる習慣」がないのですが、どうしたらよいでしょう

Q 090

子どもが「自宅では集中できない」と、自宅で勉強することを嫌がっているのですが、それでよいのでしょうか？

家で勉強する癖がつかず、図書館や自習室、カフェなど外で学習することが多い子どももいると聞きます。そういう場合は、子どもと話し合ってみるといいと思います。

自宅で勉強できない癖がつくと、勉強する環境を選ぶ癖がつきます。そうすると、受験（受験勉強）においては大きなハンデを背負います。

また、勉強道具をリビングにすべて持ってきて、勉強の時間になったら、食卓の上を勉強机に変えてあげるのもいいでしょう。学習環境を作るお手伝いを積極的にしてあげることをおすすめします。

　自分の学習環境に文句を言ってしまう子どもの気持ちもわかります。自分の成績や友達の学習環境など、いろいろなものに左右されるためです。ただ、自分の環境に不満を持つのは、やめさせたほうがいいと思います。

　長男が初めて受験した小学6年生のときのことです。私自身も子どもの受験は初めての経験で心配でした。また、下の子たちの幼稚園の送り迎えや勉強の面倒など、長男だけに時間を割ける状態ではありませんでした。そこで私は、長男に次のように言いました。

「あなたにとって今年は中学校の受験で大事なときだと思う。でも下の子たちにとっても大事な一年です。お母さんはどちらの面倒も見なくちゃいけない。もちろん、あなたの受験を全力でサポートするけれど、100%のケアをできるかはわからない。だから、そういうときは自分だけで頑張ってね」

　大切なのは変わらない今の状況を活かす方法を、一緒に考え続けることですね。そして、それを親から子どもに言葉で伝えることも大事だと思います。

佐藤ママ オススメ絵本

注文の多い料理店（宮沢賢治：作　長谷川知子：絵／岩崎書店）

推理力と想像力が必要

1 2 3 4 5 6 7 環境編 8 9 10 11 12

Q 091

自宅の学習環境はどのように作ったらよいでしょうか?

子どもが一人で勉強をするのは本当につらいことですから、親と一緒に学習できる環境を用意すると、学習がはかどりやすいと考えています。我が家の場合はリビングでした。

勉強に最大限の時間を使おうと思ったら、究極的に、学習場所はカフェやファストフード店などではなく「自分の家」だと思います。家に帰り、すぐご飯を食べて、それから勉強して寝られるわけですから。

私は「子どもに勉強部屋は与えない」と出産前から決意していました。というのも、夕食を取った後で「勉強部屋で勉強しなさい」と言われても、子どもはすぐに勉強を始められないと思ったからです。

それに、自分の勉強部屋があると、そこに籠もるだけで勉強が手につかないことが多いものです。ゲームをしてしまったり、スマホで時間をつぶしてしまったりと、今は誘惑がたくさんありますから。せっかくの貴重な時間を失うことになります。

他にも、学習をする際のポイントとして、先に紹介したように「学習机に座って勉強しなければならない」というような、よく言われているきちっとしたやり方を求めないことが挙げられます。言い換えると、どんな姿勢であれ、学習していればいいと認めてあげることです。

よく「リビングで勉強させればよい」という意見も聞きますが、我が家の場合、「子どもに勉強部屋は与えない」「親と一緒に学習できる」「どんな形でも学習してよい」の結果として、「勉強部屋＝リビング」になっただけです。この3つが揃っていれば、特にリビングでなくてもよいと思います。

もしリビングを勉強部屋のようにするのは難しい場合には、子どもの参考書

佐藤ママ オススメ絵本

一ふさのぶどう（有島武郎／偕成社）
こんな先生になりたいと思った

などの勉強道具一式が全部入るようなカラーボックスをリビングに置くなどしてもよいのではないでしょうか。

同時に、子ども部屋はマンガを読んだり、寝たりするだけの部屋だけにしたらどうでしょうか。

「子ども部屋で勉強しない」と決めたらいいと思います。

Q 092

子どもがテレビやゲームに興味を持ち始めました。パソコン・スマートフォンなども今後気になってくると思います。禁止すべきでしょうか？

小学6年生までは、テレビもゲームもパソコンもいらないと思っています。

12歳までは大人も子どもも一緒にテレビ、ゲームのない世界を味わってみてもいいのではないでしょうか。マンガもいらないと思います。何回も読んでしまいますからね。

私は子どもを生んだときから、「12歳まではテレビやゲームはいらない」と考え、実行しました。

パソコンは個人用には必要ないでしょう。もし使うのであれば、親と一緒に使うようにしてはどうでしょうか。共用にすることとあわせて、使い出すとどんどん他のサイトを見たくなってしまうものですから、パソコンに利用されないように環境作りをしましょう。スマホも同様です。

ただ、パソコンやスマホは調べ物に活用できます。単に本で調べるよりも面白く、覚えやすい場合がありますので、必要に応じて使い分けましょう。我が家はパソコンを開くのが面倒だったので、スマホを利用するほうが多かったですね。

スマホやパソコンなどをすでに与えている場合は、いきなり没収などはせずに、勉強に集中できる環境を考えてあげるといいでしょう。例えば、家に帰ってきてからある時間まではスマホは親が預かったり、電源を切ってどこかに置くようにしたりはできるでしょう。

ちなみに、我が家で中学1年生からはゲームやテレビなどを「やったり見たりしてもいい」と考えたのは、高校受験がなかったからです。高校受験が待っているとなると、少し制限したほうがいいかもしれません。

Q 093

学校や塾で出される課題や宿題が多すぎて不安に感じます。どのようにすればよいでしょうか。

やはり「親がサポートすること」です。

課題や宿題が多い場合にできる、親のサポートはいくつかあります。

まずは、すべての課題や宿題を終えられるように「親が回してあげる」ことです。子どもたちを通わせていた浜学園は６年生時に課題や宿題が非常に多かったため、このあたりは試行錯誤をした部分です。

まず、「どれから取りかかったほうがいいか」という優先順位を一緒に決めましょう。優先順位が決まっていないと、子どもはいろいろとやることがあることで、焦ってしまいます。その日のうちにやるべきことの順位づけをしてあげることが大事です。

学校によっては「課題や宿題を提出することに先生が厳しい」というところもあります。その場合は、早めに学校の宿題をやっておいて、塾の宿題にとりかかるといいと思います。

次に、課題や宿題の量と期限を把握することが大切です。どれくらいの時間で終わるかも含めて、把握してあげるといいでしょう。初めは把握するのが難しいかもしれませんが、毎日子どもから聞いていくうちにわかっていきます。

それから課題や宿題に取り組むスケジュールを決めていきましょう。このとき、土日をいかに利用するかがポイントです。土日は休みの日なので、どうしてもだらけてしまいがちです。そうならないように「何時から何時までは何をする」などと具体的なスケジュールを決めるといいですね。

学年が上がったり、先に進んでいったりすると、当然ながら課題や宿題は増えていきます。だから、取り組むための時間も増やさなくてはなりません。ですが、何もケアしないと子どもは以前と同じペースで過ごしてしまいますから、終わらないことになります。課題や宿題に取り組む予定をはっきりさせてあげましょう。

ちなみに、「やらない」という選択肢はないと考えたほうがよいです。どんなに多くても、すべてを終えるつもりでスケジュールも設定できるといいですね。宿題を残すと癖になります。その癖がつくと、歯止めがきかなくなります。

時間のかかりそうな課題や宿題であれば、子どもの横にいてあげて、やいのやいの言いながら補助的なお手伝いをすることはありだと思います。

私は、子どもの隣で辞書を引いてあげて、一緒に勉強するというスタイルを取ったこともありました。

佐藤ママ オススメ絵本

こまったさんのスパゲティ（寺村輝夫:作　岡本颯子:絵／あかね書房）

子どもは食べ物の話が大好きです

Q 094

子どもに「勉強をする習慣」「宿題をやりきる習慣」がないのですが、どうしたらよいでしょうか？

少し厳しい言い方になりますが、親が子どもに習慣をつけさせられなかったことが問題だと考えています。そして、子どもは自分だけでは勉強の習慣をつけられないことを知っておくといいと思います。

「子どもは自分自身の意志で勉強をするものだ」「子どもは勉強を自然にやるものだ」という考え方を捨てたほうがいいでしょう。

それを踏まえた上で、習慣がつかなかった理由を分析し、習慣をつける方法を一緒に考えることが大切です。子どもと「何時から何時まで勉強するようにしようか」などと相談するのです。いきなりやり方を変えると、反発されて習慣がつきにくいですから、最初はゆるい習慣からつけさせるといいと思います。

例えば、学校から帰ってすぐでは疲れますから、「1時間休んだ後でやろう」という感じでもいいでしょう。もしテレビを見る家であれば、「テレビを見る30分前から勉強してみよう」などでもいいでしょう。

こういったゆるい習慣を3～4カ月くらい続けてみて、少しずつ勉強の時間を増やすという流れがいいのではないでしょうか。親が子どもの勉強する時間を確立するお手伝いをする意識でいられるといいですね。

そして、習慣をつけさせる上でもう一つ有効な方法が、勉強をしている子どものそばにいてあげることです。中学3年生になっても、そばについてあげてもいいくらいです。それほどそばにいるのは有効だと思っています。

ただし、ここで紹介したのはあくまでも一例で、習慣のつけ方については「これ」という唯一の方法があるわけではありません。「自然に習慣は身につく」とは考えずに、試行錯誤してそれぞれの家庭独自のスタイルを作ってみてください。

佐藤ママ オススメ絵本

ネコジャラシはらっぱのモグラより（吉田道子:作　福田岩緒:絵／くもん出版）
不思議な話です。人の心の動きをつかむ練習になる

Q 095

子どもが勉強へのモチベーションを保ち続けられていないように思います。モチベーションをキープする秘訣はあるのでしょうか？

モチベーションを保つ秘訣は、テストなどの点数を上げることに尽きると思います。 子どもは点数が少しでもよくなれば嬉しくなり、やる気が出るものです。ですから、小さな達成感を持たせるようにサポートしましょう。

達成感を少しでも持ち続けるための方法として、私が考えるもっともシンプルな方法は、間違えた問題の間違えた理由を見つけることです。

ただし、すべての間違えた問題を見直すわけではありません。子どもができるであろう数問だけを見直すのです。

そうすることによって、「もう少しで解けたんだな」「あとちょっとで正解できたかもしれない」と子どもは思います。そう思えば、惜しいという気持ちや悔しさを抱くわけです。これが次の勉強への原動力になります。

多くのお母さん方が「間違えた問題をすべて見直します」とおっしゃいますが、そんな問題の中には「こんな問題は見直してもできない」と子どもに思わせてしまう難問も交ざっています。

子どもにそう思わせては、せっかく生まれたやる気が失われる可能性があり、もったいないですよね。見直す問題を厳選して、子どものやる気や達成感につなげていきましょう。

また、モチベーションが下がる原因のひとつとして、周りの兄弟が邪魔をするケースもあります。たとえば、小学校3年生の長男の子が国語辞典がいるということで買ってあげたら、下の弟が珍しがって「ちょうだい！」と言って勉強にならないということもあります。

こういうときは、下の弟には必要なくても国語辞典を買ってあげてください。そうすると、お兄ちゃんの勉強を邪魔することはなくなります。

佐藤ママ オススメ絵本

半日村（斎藤隆介：作　滝平二郎：絵／岩崎書店）
滝平さんの切り絵がすごい

Q 096

子どもがなかなか勉強をしません。どのように叱ればよいでしょうか?

私は一度も「勉強をしなさい」と叱ったことはありません。叱っても何も解決しないからです。感情的に対処しないことが大切だと思います。

子どもが勉強をしないのには、必ず原因があります。それを究明していきましょう。具体的に「なぜ勉強をしないのか」を子どもに聞いてみてください。

そこで出てきた理由を解決する方法を一緒に探しましょう。

「勉強がわからないから」がもっとも多い理由です。

その時は、学校の宿題のプリントであれば、わからないところを一緒に探してあげてください。わからない問題や単元が見つかれば、一緒に考えたり、少し前まで戻ってあげたりすればいいわけです。

他の理由として、ゲームなどをやって時間を使ってしまうということもあるでしょう。

そのときは、ゲームをやる時間を区切ったり、条件をつけてしばらくゲームを取り上げたりしてもいいかもしれません。

子どもが「ちょっと勉強をやってみよう」と思えるような環境を作るために、ただ叱るのではなく、具体的な方法を探してほしいと思います。

佐藤ママ オススメ絵本

100万回生きたねこ（佐野洋子／講談社）
この物語がたとえに出たとき、「知らないからわからない」というのでは困るほど、有名な本

Q 097

通学時間が長くて親として不安です。佐藤さんは何か基準などをお持ちでしょうか？

私は、通学時間は片道2時間が限度だと考えています。ただし2時間は本当に限度ギリギリなので、できれば90分くらいがいいですね。

もし通学に2時間以上かかる学校を検討している場合は、引っ越しをするか、受験する学校を変えるといいでしょう。ちなみに、我が家の3兄弟が通った灘も、合格した後で、引っ越しをする方は結構いらっしゃいました（うちはしませんでしたが）。

女の子は体力が男の子とは違いますので、遠さは必ず考慮に入れて通学時間を検討してください。

　また、塾に通う場合には、通学時間には「塾に行く時間」も必要になるので、具体的には、「塾に通う時間も含めて2時間がギリギリ（できれば90分）」と考えてみてはいかがでしょうか。

　なぜ、2時間（90分）にこだわるかというと、子どもの負担があります。

　例えばうちの3兄弟の場合には、奈良から神戸の灘校に通って、大阪の鉄緑会にも通っていたのですが、学校が終わって鉄緑会に行き、鉄緑会が終わるのが21時半過ぎになります。そこから奈良行きの電車に乗ると、家に着くのは23時過ぎ。そこから30分くらい勉強して、ごはんを食べて、お風呂に入って寝るというスケジュールでした。これでも十分大変だと思いますが、もし仮に2時間を超えるとしたらもっと帰りが遅くなりますし、地域によってはそもそも公共交通機関がないかもしれません。そうなると勉強どころではありません。

　ちなみに、家から見て学校よりも塾のほうが遠い場合には、通学にかかる時間以上の心理的負担（行きより帰りのほうが時間がかかるので）がありますので注意が必要です。

佐藤ママ オススメ絵本

スーホの白い馬（大塚勇三:再話　赤羽末吉:絵／福音館書店）
本物の馬頭琴の音を何年か後に聞く機会があって感動

Q 098

子どもが文房具にハマっています。どこまで付き合えばよいでしょうか?

文房具にハマることに大きな問題はないと思います。好きな文房具を利用することで成績が上がったり、勉強に意欲的になったりすることを考えるならば、子どもの好みを聞いてあげてください。

我が家では三男がシャープペンシルの芯の太さにこだわっていました。しいて注意点を言うならば、文房具には高価なものもあるということです。筆箱などはそうだと思いますが、そういうときには「○○円までならいいよ」など、制限を設けるといいでしょう。

もし何かの情報で子どものためになりそうな文房具があった場合は、「お母さんは『これが便利』って聞いたけどどうかな？」と買い与えてみるのもいいと思います。

一方、子どものほうで「これがいい」というものがあれば、子どもには両方を使わせてあげてください。どちらが使いやすいかは子ども次第という考え方でよいでしょう。

文房具は「ムダになる」「お金がかかる」と神経質になるよりも、**「文房具で子どものモチベーションや成績が上がれば儲けもの」**というように考えたほうがよいと思います。

佐藤ママ オススメ絵本

おにたのぼうし（あまんきみこ：文　いわさきちひろ：絵／ポプラ社）
おにたの気持ちがせつない

Q 099

参考書や問題集はどういった基準で選べばよいでしょうか?

まず、小学生の場合は、塾に通っているのであれば、わざわざ購入する必要はないと思います。塾のテキストをきっちり使うようにしましょう。

もし塾に行っていないのであれば、子どもの好みに合わせて決めることが大切です。紙質や文字のフォントなど、好みはさまざまです。絵が多いほうがいいかどうかもポイントになりますね。勉強する量を増やすためにも、違う問題集を2冊くらい用意しておくといいと思います。

次に、中学生の場合ですが、小学生と同じ考え方で大丈夫です。塾のテキストか、自分で用意した問題集で大丈夫だと思います。

高校生の場合ですが、**有名な参考書や問題集は買っておいて損はないと思います。**自分の子どもに合うかどうかはわかりませんが、有名ということはいい本である証拠ですので、試しに子どもに取り組んでもらうといいでしょう。

それでもし子どもの好みに合わないようでしたら、小学生や中学生の問題集を選ぶときと同様、紙質や文字の見やすさ、絵の多さなどを考慮しながら選んでみてはどうでしょうか。

佐藤ママ オススメ絵本

たつのこたろう（松谷みよ子:著　朝倉摂:絵／講談社）

文学の底辺を流れるのは母の愛です

す。何かよい対策はありますか？

第 8 章

教科別学習法
国語編

Q 100 読書経験と国語の成績に関連はあると思いますか？

Q 101 国語の成績を伸ばすために、どんなことが効果的でしょうか？

Q 102 子どもが漢字を覚えるのが苦手のようです。何か対処法はありますか？

Q 103 漢字は「読み」と「書き」のどちらから始めたほうがよいでしょうか？　それとも同じタイミングがよいでしょうか？

Q 104 現代文の文章問題が理解できないのか、なかなか点数が伸びません。何か対処法はありますか？

Q 105 古文／漢文がまったく理解できないようで

Q 100

読書経験と国語の成績に関連はあると思いますか？

読書経験と国語の成績は関係があると思います。しかし、国語の成績を上げるために読書をすることは、遠回りになることもあると考えています。

国語の成績を上げる近道は、現代文の問題を解くことだと思います。読書が成績アップの遠回りになることがあると言った理由はここにあります。

なぜこのように思い始めたかと言うと、受験期である中3や高3、あるいは浪人生のときに、受験生が「本を読む」ことを勉強の逃げ道にしているという話を聞いたからです。マンガを読んだりゲームをしたりすると、本人も罪の意識を持ちます。しかし読書であれば、罪の意識は生まれにくいのでしょう。

もしお子さんがこういった状態に陥っていたとしたら、「読書をしていて偉いな」「しっかり勉強しているな」と考えるのはやめましょう。厳しい言い方になりますが、難しい文学作品を読んでいたとしても、この場合の読書はただの「逃げ」であると、本人に自覚してもらったほうがよいでしょう。

何も読書をするなと言いたいのではありません。つらくても、苦しくても、子どもたちにとっては問題を解くことが大切なのです。

とはいえ、いきなり問題を解くと言われても、何から始めたらいいかわからないかもしれません。

大学受験であれば、センター試験の問題をおすすめします。正解かどうかがわかりやすいですから。いきなり記述問題に取り組むのは難しいでしょう。仮に答えたとしても、自分の答えが正解か不正解かがわかりにくいからです。

読書に逃げる理由としては、ただ読めばいい読書に対して、問題を解くことがつらいと考えているからです。読書と国語の成績アップの関係について、しっかり子どもに伝えておくことが大切です。

佐藤ママ オススメ絵本

おばけのどろんどろんとぴかぴかおばけ（わかやまけん／ポプラ社）
たのしいおばけの話

Q 101

国語の成績を伸ばすために、どんなことが効果的でしょうか？

音読だと思います。

国語の成績を伸ばす上で「音読」は必須だと考えています。ただし、子どもの学年によってスタイルを変えてあげましょう。

小学生のときには、親が音読をしてあげましょう。中学生や高校生のときには、子どもが自分で音読するようにうながすといいと思います。この頃になると、親が音読をしても聞かないでしょうからね。

音読が国語の成績を伸ばす理由は、耳で聞きながら読むと、自然と理解が深まるからです。黙読したときに読みとばした部分が、音読によってわかりやすくなるのだと思います。

物語文ではなく、問題の意味がわからなくなりそうな難しい論説文などを音読してみると、その効果を実感できるのではないでしょうか。ぜひ子どもにすすめてみてください。

もちろん、音読は黙読よりも時間がかかりますから、すべての文章に必須というわけではありません。文章量が多い場合には、自分が引っかかったところだけ、音読で確認する形でもいいと思います。

佐藤ママ オススメ絵本

ふんふん なんだかいいにおい（にしまきかやこ／こぐま社）

我が家の子どもたちが大好きな絵本の一つ

Q

102

子どもが漢字を覚えるのが苦手のようです。何か対処法はありますか?

苦手なら文字を大きく書かせてください。小さく書くと、間違いに気づかないこともあります。

小学校で習う漢字は１００６字ですから、このくらいの漢字は完璧に習得しないと、大人になって困ることになります。１００６個をしっかり覚えることができたら、中高で出てくる漢字は覚えやすくなります。

問題集は1年生から6年生までシリーズ化されたものを使うほうが、頭の中に入っていきやすくなります。

漢字は、とにかく手を動かせば動かすほど覚えられるので、トレーニングさせてあげてください。そのとき、必ずやさしい問題集から難しいものへと移行させたらよいと思います。

また、書き順は「どうでもいい」という人もいますが、私は違うと思っています。大人の世界ならともかく、子どもが覚えるときは書き順は正しく覚えさせたほうが定着します。

私は1006個の漢字を覚えさせるのは親の役目と考え、4人ともずっと、漢字を覚えるときはそばについてチェックしていました。

佐藤ママ オススメ絵本

からすのパンやさん（かこさとし／偕成社）

パンが食べたくなります。小さな子どもの心の中に夢があふれます

Q 103

漢字は「読み」と「書き」のどちらから始めたほうがよいでしょうか？　それとも同じタイミングがよいでしょうか？

私は「読み」から始めたほうがいいと思います。なぜなら、読めない漢字は書くことができないからです。

もし「読み」も「書き」もできることを目指そうとすると、次の漢字に進むまでに時間がかかってしまいます。ですから、最初は「読み」だけをできるように勉強するのです。

例えば、問題集で「読み」だけできるかを10ページほどやってみるといいでしょう。「書き」まで欲張らないことが大切です。

漢字には音読みと訓読みがあって、読みが一つとは限りませんが、そこは気にしないようにしましょう。まずは、問題集に出てきた「読み」だけを覚えればいいのです。

音読みも訓読みも覚えようとしたら、いつまで経っても覚えきれないですから、ここは割り切って考えてください。

とにかく問題集に出てきたものを、「読み」だけに絞って進めるといいでしょう。それから「書き」に進むというやり方をおすすめします。

中学生・高校生になると「読み」と「書き」が同時にできるようになります。

佐藤ママ オススメ絵本

11ぴきのねこ（馬場のぼる／こぐま社）
子どもはネコが大好きなので、自分勝手に行動するネコたちに癒される

Q 104

現代文の文章問題が理解できないのか、なかなか点数が伸びません。何か対処法はありますか？

現代文が理解できない原因の多くは、文章中にわからない言葉や世界観がたくさんあるからだと思います。

そんなときは、できる範囲で親が説明してあげればよいのです。文章に出てくる世界観を考えたことがないと、その文章の中に入り込むことはできません。すると、状況や登場人物の心情を想像することが難しくなります。

次男が小学生の頃、向田邦子さんの文章の問題を解いていました。私が話を読んでみると、私は作中の人物の気持ちは痛いほどわかりましたが、次男の解答の結果はボロボロでした。そこで、よくよく話してみると、次男にとって向田さんの文章の世界は想像もつかないものだったようです。

大人にとっては当たり前のことでも、子どもにはわからないことはたくさんあります。

もしかすると、「説明してあげる自信がない」と思われるかもしれませんが、中学入試まで含めた小学校の国語の文章であれば、親が読んでもわかります。というか、親のほうが内容をよく理解できることが多いと思います。

大学入試のレベルでも、文章読解に関しては、子どもより親のほうがわかるケースもないわけではありません。

ですから、子どもと一緒に読んでみて、親が説明してあげることが効果的だと思います。

佐藤ママ オススメ絵本

こんとあき（林明子／福音館書店）
自分のことをずっと思ってくれる存在は大事だと理解できる

Q 105

古文／漢文がまったく理解できないようです。何かよい対策はありますか？

まず、古文については、文法と単語を外国語のように覚える必要があるという意識で臨むといいと思います。**その際には、7割くらいを覚えた後で、問題を解いて定着させる方法をおすすめします。**

英語の勉強に近いものと考えるとよいと思います。もちろん、古文は日本語ですから、英語よりも理解しやすく、成績を上げやすいはずです。

子どもたちが使っていたのは、高校生のときは『マドンナ古文』（学研プラス）です。これは私が読んでも、わかりやすいと感じた一冊です。

一方、漢文については、高校生のときは『田中雄二の漢文早覚え速答法』（学研プラス）だけでOK。決まったパターンをまず覚えてしまうことが大切だと思います。漢文の暗記要素はそれほど多くありませんから、こちらも6〜7割覚えたら、問題を解きながら定着させることをおすすめします。

参考書をしっかり読み込むことから始める人がいますが、あまりおすすめできません。問題集の方を重視して下さい。

知識をつけてから問題を解くと時間がかかってしまいます。完璧にしてから進むという考え方を捨てたほうがかえって伸びやすいのです。

古文・漢文の参考書はあくまで調べ物をするときに使うものと考えるといいでしょう。

佐藤ママ オススメ絵本

おたまじゃくしの101ちゃん（かこさとし／偕成社）
子育ての大変さを共有できる

Q 112 うちの子は長文問題が苦手です。何か普段からやっておいたほうがよいことはありますか？

Q 113 うちの子はリスニングが苦手です。何か普段からやっておいたほうがよいことはありますか？

第 9 章

教科別学習法

英語編

Q 106 英語が苦手でまったくやる気が出ないようです。モチベーションを上げる方法はありますか？

Q 107 英単語を覚えるのが苦手なようです。どのように覚えていったらよいでしょうか？

Q 108 英語力を上げるために、高校生までの間に海外留学をさせるのはどうでしょうか？

Q 109 英検やＴＯＥＩＣなど、英語に関する資格を取得しておいたほうがよいですか？

Q 110 辞書は紙の辞書がよいですか？　それとも、電子辞書のほうがよいですか？

Q 111 うちの子は文法問題が苦手です。何か普段からやっておいたほうがよいことはありますか？

Q 106

英語が苦手でまったくやる気が出ないようです。モチベーションを上げる方法はありますか？

どんな科目でもそうですが、苦手なのはわからない部分が多すぎることが原因です。わからない部分が多くあれば、テストの点数が悪くなり、やる気も出なくなるという悪循環ができてしまうわけです。

苦手意識が強かったり、やる気が出なかったりするようであれば、思い切って一からやり直しましょう。場合によっては、アルファベットを書くところから始めるくらいでもいいと思っています。

やり直すときには徹底的にやることをおすすめします。例えば、お子さん

が中3であっても、中1の単元に戻ることも考えます。

まずは問題集を一気にやってもらいましょう。そこで、もし100％にできなかったら、新たにもう一冊同じものを購入して取り組んでもらいます。コンマやピリオドを書き忘れていたり、大文字にすべきところを小文字にしたり、と細かなミスなども見逃さず徹底的につぶすことが大切になってきます。

中1の内容が100％になったら、次は中2へ、その次は中3へ、という流れでやります。徹底的にしつこくやることは、ネガティブに思うかもしれません。しかし、できることが増えていくのは子どもたち自身にもわかります。それが少しずつやる気にもつながっていくのです。

なお、中3から高1へのステップは、英文法がぐっと難しくなりますから注意したほうがいいです。場合によっては、理屈がしっかりとわかるように、サポートをしてあげる必要があります。

英語の理屈や感覚をとらえるためにも、説明文に難しい単語が使われていない問題集などを探して取り組むといいでしょう。すると、理屈もわかり、単語も徐々に覚えて、できることが増えてやる気につながります。

1
2
3
4
5
6
7
8
9 教科別学習法 英語編
10
11
12

佐藤ママ オススメ絵本

おじさんのかさ（佐野洋子／講談社）
佐野洋子さんの絵がよくて、我が家ではかさのことを全部「おじさんのかさ」と言っていました

Q 107

英単語を覚えるのが苦手なようです。どのように覚えていったらよいでしょうか？

子どもたちのやり方を見て、もっとも効率がいいだろうと思ったのは、「CDを聞く→発音を覚える→意味を覚える」という流れです。まずは単語を見てすぐに発音できるか、次にすぐに意味が言えるかです。

こう言うと、「書けなくてもいいのか」という話が出てきますが、最終的に英検2級レベルまでは書けるようにしたほうがいいと思います。ただ、スペルまで正確に覚えようとすると、進みが悪くなることに注意しましょう。

英単語を覚えるのが苦手だったり、英語自体に苦手意識を持っていたりする場合は、書くのは後回しにして、とにかく意味を覚えることだけに集中するといいと思います。

書く場面は主に英作文の問題が課されるときだけですから、その状況に合わせて、書く練習も取り入れていくことをおすすめします。お子さんの行きたい学校の問題をリサーチしておいたほうがいいですね。

次に、単語帳を使った学習についてです。選ぶときのポイントは、子どもの好き好きでいいと思います。単語だけ覚えていくものもあれば、短い文や長文の中で覚えていくものもあります。お子さんが覚えやすそうだと感じたものを使わせてあげてはいかがでしょうか。

中身のレベルについては、4割くらいはすでにわかっているものが収録されている単語帳をおすすめします。

あまりわからない単語だらけだと覚えるのが大変で、単語帳での学習が嫌になってしまいます。「学校で使っている単語帳」など、いろいろな要素はあると思いますが、英単語が苦手な場合には、高望みをせずに思い切って単語帳のレベルを下げたほうがいいと思います。

佐藤ママ オススメ絵本

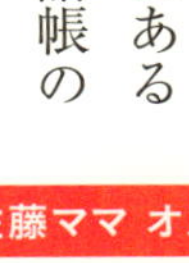

やさい（平山和子／福音館書店）
とにかく絵がすばらしい。写真より絵のほうがより真実に近づくこともあるのだと思う。

Q 108

英語力を上げるために、高校生までの間に海外留学をさせるのはどうでしょうか？

英語の成績を上げるという目的であれば、留学するよりも、日本で英語の問題集に取り組んだほうが早いですし、時間の節約になります。

今は短期間の語学留学などもたくさんありますが、2週間程度では、せいぜい異文化を見学するという程度で、英語力を上げるほどの効果は得られないと思っています。

ただし、異文化への興味関心という意味では、時間の都合がつくのであれば留学するのはよいと思います。その場合は、2週間という短い期間ではなく、夏休みなどを利用して4週間ほど行ったほうがよいでしょう。英語に触れる時間が増える分、多少は英語力アップにつながるとは思います。ただし、これも身近なものが英語で言えるようになるくらいで、過度な期待は禁物です。

しかし、もし受験で合格することに最短距離で突っ走りたいというのであれば、あまりおすすめはしません。

なぜなら、留学の間に英語に触れることはできるものの、算数（数学）や理科などの他の教科に時間を回すことができなくなってしまうというデメリットがあるからです。

佐藤ママ オススメ絵本

くだもの（平山和子／福音館書店）
写真より絵のほうがおいしそうに見えると思う

Q 109

英検やTOEICなど、英語に関する資格を取得しておいたほうがよいですか？

必須ではありませんが、取得したら得にはなります（一部の高校や大学では入試科目の免除や点数アップにつながることもあるようです）。また、それぞれ試験がありますので、それが頑張る目標になりますし、勉強を積み重ねていくことで達成感も得られます。

我が家の場合、長女は5級から、長男と次男、三男は4級から英検を受験していきました。準1級が東大合格相当のレベルだと聞いていたので、そこを最終目標にして、段階を踏ませながら何度も受験させせました。

授業をきっちり聞いて、覚えるべきことを覚えられていれば、英検の問題は解答できます。ですから、我が家では英検の過去問をきっちりやるようなことはしていません。ただし、二次試験（面接）の対策だけは一日訓練をしてあげたこともあります。

英検など授業とは別の資格試験などに取り組むことは、新しい経験として学習意欲の刺激になると思います。試験が学校の中間・期末だけでは面白くないと思うのであれば、自分のレベルアップのために英検やＴＯＥＩＣなどを少しずつ受験していくことで、さらに英語の勉強が楽しめるのではないでしょうか。

佐藤ママ オススメ絵本

もこ もこもこ（谷川俊太郎:作　元永定正:絵／文研出版）

シンプルなのに子どもははじけるように笑います

Q 110

辞書は紙の辞書がよいですか？それとも、電子辞書のほうがよいですか？

私は電子辞書がいいと思います。持ち運びの面で軽いというメリットはもちろんのこと、速く調べられ、時間の節約になるのが一番の理由です。

私はずっと紙の辞書を引いてきたし、紙の方が引きやすく読みやすいと思っていたので「紙のほうがいいだろう」と思っていました。はじめは私が辞書を子どもが電子辞書を引いて競争したら私の方が早くなったのですが、子どもがパソコン打ちができるようになると圧倒的に子どものほうが調べるのが速くなりました。

よく、「紙の辞書は周りにある情報（派生語など）が見えて、知識に広がりが出る」と言われることがあります。確かに、周りの情報を見るのは楽しいですが、時間がかかります。

また、電子辞書にはジャンプ機能がついています。関連事項を調べるにあたり、別の情報にあっという間にたどり着くことができますから非常に便利です。

最近では、スマホも辞書代わりに使うことができます。

長男がいつもスマホを見ていたので、何を見ているのかを聞いたら「わからない単語を入力しているんだ」と言っていました。スマホを単語帳にしているんですね。このように、便利なものはどんどん有効活用していくといいのではないでしょうか。

私は、苦労して調べることが大事なわけではないと思います。実際、私が辞書を隣で引いてあげたこともありました。「時間と手間をかけたほうが、力がつく」という固定観念を捨ててみてはいかがでしょうか。

佐藤ママ オススメ絵本

こんにちは（わたなべしげお:作　おおともやすお:絵／福音館書店）

長男のために1日54回読み続けたことがありました

Q 111

うちの子は文法問題が苦手です。何か普段からやっておいたほうがよいことはありますか？

薄めのやさしい問題集をさっと一回終えることから挑戦してみるとよいと思います。それによって、英語の全体像を押さえることができます。

基礎的な内容が入った問題集であれば、ほぼ100％できるようになるまで、繰り返し取り組むことが大切です。間違えたところは二度と間違えないよう、反復することでできない問題をなくしていきましょう。

一冊が終わったら、別の問題集を使って違う種類の問題に触れることができれば理想的ですね。

Q 112

うちの子は長文問題が苦手です。何か普段からやっておいたほうがよいことはありますか？

長文が苦手な場合には、いくつか段階を踏んで、長文に慣れ親しませてあげるといいでしょう。

まず、日本語訳をざっと読んで、大まかな内容を理解します。それで内容を頭に入れてから、長文を読む方法をおすすめします。

その際には、「どこでつまずいているのか？」を探しながら読むように伝えるといいでしょう。わからないと感じたところに線を引くなどチェックをしておいて、その部分を後で調べればいいのです。

こうすることによって、長文を読む中で、自分が曖昧にしている箇所を特定できます。理解が曖昧になる要素として多いのは、単語や熟語、構文（英文の構造）です。「日本語訳を読む→内容を理解する→英文を読む→曖昧な箇所をチェック」という流れを繰り返すと、自分の弱点も見えてきますね。

他に長文の苦手意識をなくすための方法としては、さまざまな種類の話に触れることです。 長文を苦手に思うのは、長文を読む経験が少ないことが考えられます。長文読解の経験値を貯めていきたいところです。

最後に、できればやってほしくない方法もお伝えしておきましょう。それは、わからない語句に出合ったら一語一語調べながら読み進める方法です。というのも、このやり方では一つの文章を読み終わるまでにものすごく時間がかかるからです。子どもによっては、そういった語句を自分のノートに書き出しますが、これも時間がかかる原因となりますね。

長文はできるだけ多くの文章を読む。これを基本にするとよいと思います。

●英語長文問題の解き方

1 まずは「日本語訳」を読んで、おおまかな内容を理解する

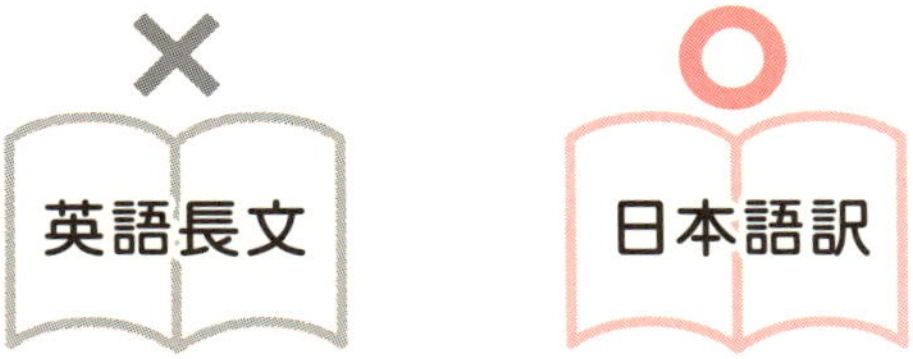

2 できるだけ多くの長文問題に触れる

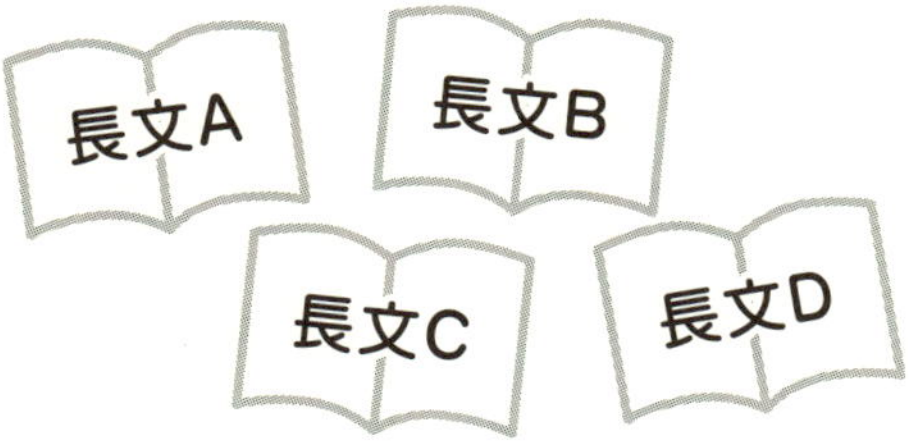

※ただし、わからない単語をそれぞれ調べるのはNG。
問題の進みが遅くなる

Q 113

うちの子はリスニングが苦手です。何か普段からやっておいたほうがよいことはありますか？

リスニングが苦手な場合は、英語を聞くことに慣れていく必要があるのですが、まずは短い英文を聞き取ることから始めましょう。単に英語を聞いて、その日本語訳を読んで理解するだけでは、リスニングの力は伸びていかないと思います。

我が家の子どもたちが言うには、自身の英語力が100だとして、そのうち20がリスニングの力だとした場合、何もしなければ20は20のままだそうです。上がりも下がりもしない。ただ、やればそれだけ上がるもののようです。

やり方としては、聞いて穴埋めをするような問題付きの教材で音を聞くトレーニングをするといいのではないでしょうか。問題を解いたり、スクリプト（英文）を確認したり、日本語訳を確認したり、やり方はいろいろとあると思います。とにかく聞く習慣づけをしたいですね。

我が家の長男や次男は学校でもらった教材に取り組んでいたようです。三男は『ACADEMIC』（Z会）を用いて、付属のCDを聞いていました。長女は鉄緑会の授業でもらえるリスニングCDを用いて、「英語を聞く→スクリプト（英文）を確認する→日本語訳を確認する→英語を聞く」のような王道のことをやっています。

リスニングは特効薬的なものよりも、地道に聞いては英文を確認することの繰り返しで力がついていくようです。

佐藤ママ オススメ絵本

みんな うんち（五味太郎／福音館書店）
トイレトレーニングの子どもに読んであげるとホッとします

Q 119 図形や立体の問題が苦手な様子です。対策をしたほうがよいでしょうか？

Q 120 私立文系の受験を決めたため、数学が必要なくなりました。どこまで取り組んだらよいでしょうか？

Q 121 ある単元（項目）でつまずいて、先に進むのに苦労している状況です。どのようにサポートをすればよいでしょうか？

Q 122 算数や数学にはさまざまな解法テクニックがあるようですが、どこまで学ぶべきでしょうか？

第 10 章

教科別学習法
算数・数学編

Q 114 幼少期から算数を鍛えたいと考えています。何から始めたらよいでしょうか。

Q 115 算数の先取りはやったほうがよいでしょうか。それとも、やらないほうがよいでしょうか？

Q 116 うちの子は計算のケアレスミスが多いようです。ケアレスミスを防ぐ手立てはありますか？

Q 117 文章題が苦手なようで、問題の意味が理解できていないようです。理解度を高める対策はありますか？

Q 118 途中の計算式が不明瞭で、見ていてきちんと解けているかが不安になります。何か対策をすべきでしょうか？

Q 114

幼少期から算数を鍛えたいと考えています。何から始めたらよいでしょうか。

最初に育てるべきは計算力だと思います。計算力を鍛えるためには、単純な計算問題に取り組むことが大切です。このとき使う教材は、市販のものでも構いません。

まず計算問題に取り組ませてみて、間違えているところを親が見直してあげましょう。そして、なぜ間違えたのかを一緒に分析しましょう。問題集何冊分かやってみてください。

子どもたち、特に幼少期の子については、**私は「取り組んだ量が少ない状態**

で先に進む」というのは危険だと思っています。なぜなら、量が少ないと、大人が思う以上に子どもの記憶には残らないからです。各単元への取り組みが薄くならないように注意してあげられるといいですね。

我が家では、その点は公文にお任せしていました。公文の問題は10枚ずつが束になっていて、嫌というくらい同じ単元に取り組む形になっていました。それだけ繰り返すことで、小さい子でもやり方がしっかり身につくのでしょう。

どの程度まで取り組めばいいのか、自分で判断がしにくい場合には、プロの手に任せましょう。

佐藤ママ オススメ絵本

ねずみくんのチョッキ（なかえよしを：作　上野紀子：絵／ポプラ社）
子どもが自分のチョッキで同じことをやろうとしていた。

Q 115

算数の先取りはやったほうがよいでしょうか。それとも、やらない方がよいでしょうか？

算数は先取りに取り組むことをおすすめします。というのも、頭の柔らかいうちに、感覚で算数をとらえてもらうためです。

感覚とは、理屈ではなく直感で数字をとらえることです。例えば、2と3という数字を見て足すときに、理屈では「2つあるところに、3つのものを加えるので、2から3つ増えて5になる」という考え方になります。

一方、感覚では2と3を見たら瞬時に5が浮かぶような、暗号や記号のような覚え方になります。そこまで算数を突き詰めてやってほしいと思います。

Q 116

うちの子は計算のケアレスミスが多いようです。ケアレスミスを防ぐ手立てはありますか？

まず、ケアレスミスという言葉を使わないように意識を変えることが大切です。ケアレスミスと呼ぶものは、ただのミスだと思ったほうがよいでしょう。

ケアレスミスと言うと、本当は正解できたけれど何かの拍子で間違えた、という感じがして、性格やそのときの体調のせいなどにしがちです。この言い方は自分を甘やかしているだけだと思っています。

ですから、お母さんも子どももケアレスミスと言わないようにしましょう。

変な言い訳をするのではなく、ただ実力が足りていない証拠だと考えたほうがいいと思います。

ケアレスミスはただのミスだと受け入れたら、そのミスの原因を探り、そのミスを防ぐ方法を考えましょう。

我が家の三男が、四則混合の計算でよくミスをしていました。原因をいろいろ調べてみた結果、字が汚いことが理由のようでした。途中式の数字が見にくいことで、本人も自分の書いた文字を勘違いし、間違えていたようです。

そこで三男には、ゆっくりと丁寧に、大きな数字で途中式を書くように伝えました。このときには私は横で様子をじっと観察していました。そうすると、間違えたポイントに私が気づくことができますし、何よりも子ども本人が自分の間違いに気づきやすくなります。計算がややこしくなればなるほど、この方法は効果的だったなと思います。

ケアレスミスという言葉を使うことをやめて、ミスをした原因を突きとめて、対策をとることが最良の手立てです。

●ケアレスミスの防ぎ方

$$\frac{1}{2}-\frac{1}{3}+\frac{1}{4}-\frac{1}{5}+\frac{1}{6}$$

$$=\frac{3}{6}-\frac{2}{6}+\frac{1}{4}-\frac{1}{5}+\frac{1}{6}$$

$$=\frac{1}{6}+\frac{1}{4}-\frac{1}{5}+\frac{1}{6}$$

$$=\frac{2}{12}+\frac{3}{12}-\frac{1}{5}-\frac{1}{6}$$

$$=\frac{5}{12}-\frac{1}{5}-\frac{1}{6}=\frac{25}{60}-\frac{12}{60}-\frac{1}{6}=\frac{13}{60}-\frac{1}{6}$$

$$=\frac{13}{60}-\frac{10}{60}=\frac{3}{60}=\frac{1}{20}$$

あっ、
「＋」と「－」が
入れわっている

このとき、「＋」と「－」が入れ変わったのを
ケアレスミスと考えずに、具体的な対策をとる

たとえば、下のようにまとめて書くことで行数を減らすなど

$$\frac{1}{2}-\frac{1}{3}+\frac{1}{4}-\frac{1}{5}+\frac{1}{6}$$

$$=\frac{30-20+15-12+10}{60}=\frac{23}{60}$$

Q 117

文章題が苦手なようで、問題の意味が理解できていないようです。理解度を高める対策はありますか？

文章題は一問一問違うので、出たとこ勝負に思えるかもしれませんが、ちゃんとパターンがあります。ですから、覚えれば解けるものが圧倒的に増えていきますから、文章題のパターンに習熟することが大切です。

そして、その典型的なパターンの問題だけを、ばっちり解けるようにすることが目標です。

例えば、植木算には植木算ならではの解き方のパターンがあります。そのパターンに慣れれば、子どもたちは自信を持って問題に取り組めるようになります。そうした問題に関しては「自分で先生のように授業ができるぞ」と言えるくらいまで理解が進めばすばらしいですね。

もちろん、学んだパターン以外のものがテストに出てくることはあります。その場合は、その問題を捨てるという考えでいいでしょう。

私は子どもたちに「あきらめたらいい」と言っていました。解けないものは仕方ないと割り切る感覚です。

学んだパターンではないものは捨てる勇気を持つことです。捨ててもいいかどうかの判断基準があるのは、今まで学んだパターンに習熟している証拠でもありますから、自信を持って解けない問題は捨てましょう。

しかし、慣れてくると複雑な問題でも習熟したパターンの組み合わせでとけることがわかります。次に同じパターンの問題に出会ったら、解けるように理解を完璧にすることです。

佐藤ママ オススメ絵本

おまたせクッキー（パット・ハッチンス：作　乾侑美子：訳／偕成社）

食べ物は人間関係に大きく影響すると子どもも実感

Q 118

途中の計算式が不明瞭で、見ていてきちんと解けているかが不安になります。何か対策をすべきでしょうか？

親が見て途中の計算式が不明瞭ということは、きちんと解けていない可能性があります。きちんと明瞭に書けるように、やり直しをさせてください。

算数（数学）においては、答えだけ合っているようなパターンはよくありません。

中学入試などは答えだけ合っていても、点数をもらえない問題が多いのです。途中式が重要になってきますので、不明瞭では点数がもらえません。このことを子どもに早いうちに伝えるようにしたほうがいいでしょう。

東大の問題などは、最終的な答えが正解していなくとも、途中の計算式が合っていれば、その分だけ部分点をもらうことができますので、わかりやすい字で、たくさん書いておくほうが得です。

自分の思考過程を明らかにする癖をつけられるように、字も、理屈も、はっきりと書くことを心がけさせましょう。

佐藤ママ オススメ絵本

ねこざかな（わたなべゆういち／フレーベル館）

ねこが魚を食べるのが普通なのに、魚の中にねこが入ってしまうというストーリーに子どももワクワクする

Q 119

図形や立体の問題が苦手な様子です。対策をしたほうがよいでしょうか？

図形や立体の問題は、慣れが必要ですので、これらの分野の問題を数多くこなしてはどうでしょうか。

また、日々、図形や立体を身近なものでイメージさせる機会を持つことも効果的です。私はよく画用紙を用いて、立方体などの立体図を作成しました。また、粘土も効果的です。実際に切って見せて、断面図を作ります。そうすると、単に問題を解くだけよりも、イメージしやすくなります。さまざまなアプローチで何度も丁寧に図形や立体に触れてほしいと思います。

Q 120

私立文系の受験を決めたため、数学が必要なくなりました。どこまで取り組んだらよいでしょうか？

高校の単位を取るところまでで構わないと思います。

もしかすると「何かあったときにやっておいたほうが」と思うかもしれません。ですが、例えば、1000人が定員の大学で、数学をすっぱりとやめて他の科目に取り組んだ学生が1000人受験してきたらどうでしょうか？　彼らと勝負すると考えたときに不利な状況に陥るのは当然のことです。

子どもが自分で私立文系に行こうと決めたのであれば、腹をくってその道を突き進むことをおすすめします。

Q 121

ある単元（項目）でつまずいて、先に進むのに苦労している状況です。どのようにサポートをすればよいでしょうか？

一つの方法としては、つまずいた単元をマスターするまで、家や塾でフォローしていく態勢を作る必要があるでしょう。何冊か問題集を購入する、あるいは苦手な単元だけをまとめた問題集をオリジナルで作成してもいいかもしれません。

ただ、もしつまずいた部分をいったん置いておけるならば、とりあえず先に進むことも一つの手です。日曜日など、時間のあるときに追いつくためのフォローをしてあげてはいかがでしょうか。

つまずいたところだけにこだわらないことは大切です。

例えば、旅人算の問題でつまずいたとします。もちろん、その種類の問題ばかり解いてもいいのですが、植木算など別の種類に取り組んでもいいと思っています。

こうすることで頭がリフレッシュするのか、他の単元とのつながりに気づいたり、今まで思いつかなかったきっかけがひらめいたりして、急に苦手としていた旅人算が解けるなんてことがあります。

アプローチの仕方は一つではありませんから、さまざまな角度から問題のことを考えると、突破口が見えてくることがありますよ。

佐藤ママ オススメ絵本

14ひきのあさごはん（いわむらかずお／童心社）
こんな家庭にしたいなといつも思っていた。14ひきシリーズはすべて大好きです

Q 122

算数や数学にはさまざまな解法テクニックがあるようですが、どこまで学ぶべきでしょうか？

テクニックを用いることで、速く解けるのであれば、知っているに越したことはありません。ただ、自分の理解の怪しいものや、使うのが危なっかしいものは避けたほうがいいですね。解くときに使うつもりであれば、自信を持って使えるように習熟しておきましょう。

よく言われるのが「数学の公式は覚えるな」というものです。受験で必要とされる公式は数が膨大で、子どもたち曰く、そんなに多くの公式を頭に入れておく余裕はないということです。

公式は自分で導けるまで理解して、覚える必要のない状態にしておくことが理想的でしょう。公式を暗記して頭をいっぱいにして問題がとけるほど、入試は甘くはありません。

我が家の次男が、長男に「この公式はどうだったか」と聞く場面をよく見ました。長男はいつも公式を教えることなく、「自分で導いてみよう」「何でも暗記したら頭の中がパンクするぞ」と言っていました。

佐藤ママ オススメ絵本

キャベツくん（長新太／文研出版）
長新太さんの不思議ワールドです。セリフが少ないので想像力が鍛えられます

第 11 章

教科別学習法 理科編

Q 123 理科の勉強はいつから本格的に始めたらよいでしょうか？

Q 124 理科特有の暗記と計算の交じっている分野が苦手そうです。何か対策はありますか？

Q 125 「物理」「化学」「生物」「地学」で得意、不得意が分野ごとに異なります。何か対策はありますか？

Q 126 高校の「物理」「化学」「生物」「地学」の選択はどうしたらよいでしょうか？

Q 127 なぜか理科だけが苦手です。理科の苦手意識をなくす方法はありますか？

Q 123

理科の勉強はいつから本格的に始めたらよいでしょうか？

中学受験の場合、日々の学習の中に理科を入れるのは、小4からでいいと思います。それまでは日常生活で理科に触れていきましょう。理科という科目自体が、基本的に日常生活の延長線上にあるからです。

我が家の場合であれば、散歩するときには図鑑を持って行きました。それで、知らない花があれば、その場で一緒に調べることがありました。有名な植物はもちろん、道端に生える何でもない草にも名前があることを伝えていましたね。テストに出るか出ないかは気にしていませんでした。

　また、動物園や水族館、植物園などでは、それぞれの生物のプレートを見るようにしていました。詳細な説明が掲載されているので、勉強になります。

　その後、小4になったら、ちゃんと覚えたものが点数に返ってくるようにしっかりと学習してください。理科の勉強をする際には、先取りする必要はありませんが、興味がある分野はどんどん本を読んだりしてみてください。

　一方、中・高の理科になると、対策としては基本的に問題演習のみだと思います。まず、学校の授業をしっかりと聞くことが大切です。その際に、学校の定期試験を学習の指標とするといいでしょう。試験で点数をしっかりと確保できる力をつけたいですね。中学校は授業を聞いて理解できていれば、それなりの点数を取ることはできます。

　高校になると、問題の難易度が上がり、量も増え、さらに問題が複合的になります。そのため、場合によっては、塾に通うことを考えてもいいでしょう。高校の理科は項目がきっちり分かれています。我が家の子どもたちも、「(理科は)習わないとわからない」と言って、塾に頼るようにしていました。

佐藤ママ オススメ絵本

ジャイアント・ジャム・サンド（ジョン・ヴァーノン・ロード：文・絵　安西徹雄：訳／アリス館）
日本と外国の文化の違いを実感

Q 124

理科特有の暗記と計算の交じっている分野が苦手そうです。何か対策はありますか？

この分野ができないのは、暗記の部分がしっかりしていないからです。まずは、**「とにかく暗記して、たくさんの問題を解く」**ことです。覚えるものが多いですすが、それらを整理した後でとにかく慣れていくことが大切だということです。

我が家の次男は今、高校生に化学の指導をする機会があるのですが、有機の分野は毎年新しいものが出てくると言っていました。ですから、この分野には終わりがないことを意識しておいたほうがいいかもしれないですね。

Q 125

「物理」「化学」「生物」「地学」で得意、不得意が分野ごとに異なります。何か対策はありますか？

基本的には、不得意なところをつぶしていくしかありません。

不得意なのは理解が追いついていない証拠です。４科目の内容は種類が異なりますから、それぞれの特徴をつかんでほしいと思います。

ただ、受験を見据えたときに、苦手なものが受験科目に入っていない場合は、勉強から外してしまってもいいでしょう。自分に合う、合わないはやはりあります。

ただし、受験科目に入っている場合には苦手でも頑張るしかありません。

Q 126

高校の「物理」「化学」「生物」「地学」の選択はどうしたらよいでしょうか？

基準となるのは、受験する大学に必要な受験科目を選択することです。受験期に志望校を決めた後、特化して取り組めばいいのです。

自分との相性がありますから、取り組んでいる科目が不得意であれば、点数が取れる可能性が高そうな科目に絞るといいですね。

ただし地学だけは、受験者が少ないので、過去問が揃っていなかったり、問題集が少なかったり、今年何が出るかという分析も少なかったりする傾向にありますので注意しましょう。

うちの3兄弟は、3人とも「物理」「化学」を受験科目に選んでいましたが、もちろん私が指定したわけではありません。

ちなみに、灘では医学部志望の学生が多いため、生物も重視していました。それもあり、中1からずっと生物の授業があります（正確には、「物理」「化学」「生物」「地学」を中1から4科目ともやっています）。

こういう話をすると、「受験で使わない科目は捨てたりしなかったんですか？」と聞かれますが、学校で授業がある限りは、中間・期末に向けて、知識を増やすためにもきちんと勉強させていました。

例えば、地学は地学で、地学の内容が英語に出たりします。そのため、総合力を鍛える意味でも、センター&二次試験で選択しなかった「生物」と「地学」も、受験期までは他の科目と変わりなくやっていました。

佐藤ママ オススメ絵本

旅の絵本シリーズ（安野光雅／福音館書店）
子育て中、なかなか旅行ができないから、この本で旅気分を味わいストレス発散

Q 127

なぜか理科だけが苦手です。理科の苦手意識をなくす方法はありますか?

他の科目ができて、理科だけできないということであれば、理科の内容に興味がないという可能性が考えられます。他ができているということは、暗記力や計算力における力が足りないということではありませんから。

子どもの理科への興味をうながす手段を試してみましょう。

例えば、子どもが興味を持ちそうな参考書や問題集を選んではどうでしょうか。親が買ってきてもいいですし、子どもと一緒に買いに行ってもいいと思います。

また、苦手なままにしておくことについてのデメリットを子どもに伝えるのも効果的だと思います。

「苦手なままにしておくわけにはいかないよね」「入試を受けるのに不利になるから、一緒に問題集を探しに行こうか」など、サポートする姿勢を見せてもいいと思います。

子どもが「今のままではもったいない」と思える状況を作ることができるといいですね。

佐藤ママ オススメ絵本

どうぞのいす（香山美子：作　柿本幸造：絵／ひさかたチャイルド）

幼稚園を卒園するときに劇にしてお母さん方が演じた。

第 12 章

教科別学習法
社会編

Q 128 社会の勉強はいつから始めたらよいでしょうか？

Q 129 大学入試において、「日本史」「世界史」「地理」「その他」はどれを選択すると有利などあるでしょうか？

Q 130 「理系の社会」はいつから勉強するのがよいですか？

Q 128

社会の勉強はいつから始めたらよいでしょうか？

小学校の場合は、中学受験を考慮すると、関東と関西で微妙な差がありま す。
関東は小3から始めるといいでしょう。関西は小4からでもOKです。関東の社会の問題は、記述問題などが絡んで、難しくなってきていることを念頭に置いて勉強を始めるといいでしょう。

中学生以上の場合、知識は多くあるに越したことはありません。というのも、社会で学んだことが英語や国語の中に出てくることがあるからです。そうすると、英語や国語を学んだり、問題を解いたりする上で有利になります。

教養という意味で早めにやっておいて損はありません。

とはいえ、普段においては中間試験や期末試験でそれなりに点数を取れるようにしておくことが大切です。そうすることで、知識はしっかりと身についていきます。

大学受験を考えたときには、最後の本番の試験で点数が取れるように、詰め込みで追い込んでいく必要がありますので、そうなると、高3の最初からだと思います。

文系を目指し、かつ志望する大学に記述問題があるようであれば、もう少し早めに勉強し始めてもいいでしょう。

佐藤ママ オススメ絵本

おおかみと七ひきのこやぎ（グリム：著　フェリクス・ホフマン：絵　せたていじ：訳／福音館書店）
子どもたちに読んであげていたら、私が号泣

Q 129

大学入試において、「日本史」「世界史」「地理」「その他」はどれを選択すると有利などあるでしょうか？

どれがおすすめというものはありません。もし単に学校の授業を選ぶ場合であれば、自分の好きな、興味の持てそうな科目を選択したらいいと思います。もちろん、受験したい学校が決まっていれば、そこに合わせるという考え方でいきましょう。

社会は独学がしやすい科目です。受験などの都合で取り組みたい科目が決まっていれば、独学をすることをおすすめします。先取りをしてしまって大丈夫です。

逆に、学校の授業の進度に合わせた学習には注意しましょう。学校によっては、出題範囲のすべてが終わらない可能性があります。特に歴史系（日本史・世界史）の場合、近現代がおろそかになりやすいので、注意してください。

社会は自分でできる科目だと思いますので、文系の人であれば、センター試験の過去問に早めにどんどんチャレンジしてみてはと思います。

どの科目も読み物のような感覚で進めることができますから、そこを逆手にとって、早めに過去問に取り組んでみてはいかがでしょうか。

佐藤ママ オススメ絵本

手ぶくろを買いに（新美南吉：作　黒井健：絵／偕成社）

母親のお手本のような子ぎつねのお母さんが登場します

Q 130

「理系の社会」はいつから勉強するのがよいですか？

「理系の社会」なので、基本的にセンター試験の話だと思いますが、本格的に社会に取り組むのは高3の10～11月からでいいのではないでしょうか。あまりに早く取り組んでも、内容を忘れてしまうからです。我が家では、世界史は朝から晩まで私と一緒に取り組んで、40日くらいかかりました。親がそこまで取り組めない場合、一人でやろうとすると、さらにかかると思います。

我が家で実践した方法をご紹介しましょう。子どもと一緒に世界史を学んだ例です。まずは、取り組む単元（時代）の教科書を段落ごとに読み合いました。覚えようとするよりも「こんな話なのか」と理解するだけで十分です。

次に、『センター試験への道　世界史―問題と解説』（山川出版社）を2冊用意します。時代ごとに整理されているので、読んだ教科書の該当部分の問題を解いてもらいました。

1冊は子どもに渡すのですが、答えは見えないように隠しておきます。そして、私がもう1冊のほうを見て、問題を声に出して読み上げます。選択肢は子どもが音読し、答えを選んでもらいます。

ポイントはわざわざ音読をすること、そして交代で音読をすることです。

自分で問題文や選択肢を黙読すると、意外に読み飛ばしているものです。人が読んでいるのを耳で聞くと、自分がいかに適当に読んでいるかがわかります。また、読んでもらったり、声に出したりすることで、いい刺激になり、覚えやすくなるわけです。

問題文や選択肢を音読する方法を学校の友だちと実行するのもいいですね。同じくらいの熱心さを持った生徒がいれば、私と子どもがやった掛け合いを友だちとやるのも効果的です。

佐藤ママ オススメ絵本

かいけつゾロリシリーズ（原ゆたか／ポプラ社）
面白すぎて1冊で1日楽しめる

おわりに

この本の中で「腹を割って話す」という答えをたくさん出しました。親と子どもが、父親と母親が向き合い、お互いに納得をして、腹をくくり覚悟することの大切さをお伝えしたかったからです。

私は、「受験」は小さな旅だと思っています。受験する志望校が旅のゴールです。その旅の過程に「勉強」があるわけです。

子ども一人でもゴールへ向かっていくことはできます。しかし、子ども一人では孤独です。高校を卒業していない子どもが一人でできることなど多くはありません。

親は、子どもが高校を卒業して親元を離れるまでは、ずっとそばにいて、手をつないで進んであげてほしいと思います。旅のゴールを目指し始めたら、親は子どもと一緒に道を歩んでいくのです。親が子どもの味方になれば、子どもにとっては大きな支えとなります。

いい時もわるい時も子どもの手を。
しっかりにぎって親子で歩いていく。

もちろん、最初はうまくいかないこともあるでしょう。今まで取り組んだことがないのですから、いきなり自信を持って、完璧な子育てをするのは難しいことです。

そこは、親と子どもが手を取り合い、だんだんと成果を上げながら前へ進んで、自信をつけていっていただきたいと思います。その際に、本書が少しでもお役に立てば幸いです。

最後になりましたが、本書を世に送り出すきっかけをくださり、親身に寄り添ってアドバイスをくださったポプラ社の担当編集の大塩大さん、そして構成ではライターの渡邉淳さんに大変お世話になりました。

みなさまに、親とは違う時代を生きる子どもたちと向き合うという、子育ての醍醐味を楽しんでいただけますように。

佐藤　亮子

佐藤　亮子
（さとう・りょうこ）

奈良県在住。主婦。

津田塾大学卒業後、大分県内の私立高校で英語教師として２年間教壇に立つ。その後結婚し、長男、次男、三男、長女の順で３男１女を出産。長男・次男・三男の３兄弟が全員、名門私立の灘中・高等学校に進学。その後、３人とも日本最難関として有名な東京大学理科Ⅲ類（通称「東大理Ⅲ」）に合格。「灘＆東大理Ⅲ３兄弟」という快挙を達成する。今、最も注目されるお母さんの一人。

著書に『「灘→東大理Ⅲ」の３兄弟を育てた母の秀才の育て方』（ＫＡＤＯＫＡＷＡ）などがある。

※本書の内容は2016年３月末現在のものです

「灘→東大理Ⅲ」の3兄弟を育てた母が明かす
志望校に合格するために知っておきたい130のこと

2016年4月20日　第1刷発行

著　　者　佐藤 亮子
発 行 者　長谷川 均
編　　集　大塩 大
発 行 所　株式会社ポプラ社
〒160-8565　東京都新宿区大京町22-1
電　話　03-3357-2212（営業）　03-3357-2305（編集）
振　替　00140-3-149271
一般書出版局ホームページ　http://www.webasta.jp/

印刷・製本　中央精版印刷株式会社

N.D.C.379/318P/19cm　ISBN978-4-591-14990-4